CODE USUEL

DES

GARDES CHAMPÊTRES

DES GARDES PARTICULIERS

ET DES GARDES MESSIERS

PAR

A. ROUSSET

ORGANISATION. — DEVOIRS. — ATTRIBUTIONS DIVERSES — PROCÈS-VERBAUX. — FORMULES.

Police rurale. — Police de la chasse. — Police de la pêche. — Police du roulage. — Police de la grande voirie, des chemins de fer, des lignes télégraphiques et des chemins vicinaux. — Police des cours d'eau. — Police des carrières et des tourbières. — Police des bois et forêts non soumis au régime forestier.

DEUXIÈME ÉDITION.

PARIS
LIBRAIRIE ADMINISTRATIVE DE PAUL DUPONT
RUE DE GRENELLE-SAINT-HONORÉ, 45.
1864

CODE USUEL

DES

GARDES CHAMPÊTRES

DES GARDES PARTICULIERS

ET DES GARDES MESSIERS

CODE USUEL
DES
GARDES CHAMPÊTRES

NOTIONS PRÉLIMINAIRES.

DE LA POLICE

La police a pour objet de veiller constamment au maintien de l'ordre public, de la propriété et de la sûreté individuelle.

Elle se divise en police administrative et en police judiciaire.

Police administrative.

La police administrative est instituée pour maintenir l'ordre public dans chaque partie de l'administration; elle s'exerce spécialement sur la voirie, les eaux, les travaux publics, les mines, l'industrie, la santé publique et l'ordre public proprement dit. Elle tend principalement à prévenir les délits.

La police administrative est exercée dans le territoire français :

Par le ministre de l'intérieur, en ce qui concerne les mesures générales;

Par les préfets et les maires, qui ordonnent toutes les mesures et prennent tous arrêtés que réclament les circonstances;

Et enfin par les commissaires de police, qui sont chargés

de faire exécuter les lois et les règlements, et de livrer à la justice ceux qui les transgressent.

La police administrative se divise en plusieurs branches, telles que la police générale, la police municipale, la police rurale, etc.

Police municipale.

Les objets confiés par la loi fondamentale des 16-24 août 1790 à la vigilance et à l'autorité municipale, et sur lesquels les maires font des arrêtés, sont :

1° Tout ce qui intéresse la sûreté et la commodité des passages dans les rues, quais, places et voies publiques ; ce qui comprend le nettoiement, l'illumination, l'enlèvement des encombrements, la démolition et la réparation des bâtiments menaçant ruine ; l'interdiction de ne rien exposer aux fenêtres, balcons et autres parties des bâtiments qui puisse nuire par sa chute, et celle de ne rien jeter qui puisse blesser ou endommager les passants, ni causer des exhalaisons nuisibles ;

2° Le soin de réprimer et punir les délits contre la tranquillité publique, tels que les rixes et disputes accompagnées d'ameutements dans les rues, le tumulte excité dans les lieux d'assemblée publique, les bruits et attroupements nocturnes qui troublent le repos des citoyens ;

3° Le maintien du bon ordre dans les endroits où il se fait de grands rassemblements d'hommes, tels que les foires, marchés, réjouissances et cérémonies publiques, spectacles, jeux, cafés, églises et autres lieux publics ;

4° L'inspection sur la fidélité du débit des denrées

et sur la salubrité des comestibles exposés en vente publique;

5° Le soin de prévenir, par des précautions convenables, et celui de faire cesser, par la distribution des secours nécessaires, les accidents et les fléaux calamiteux, tels que les incendies, les épidémies, les épizooties, en provoquant aussi, dans ces deux derniers cas, l'autorité des préfets et des sous-préfets ;

6° Le soin d'obvier ou de remédier aux événements fâcheux qui pourraient être occasionnés par les insensés ou les furieux laissés en liberté, et par la divagation des animaux malfaisants ou féroces.

Les maires exercent la police administrative et municipale sous l'autorité des sous-préfets, des préfets et du ministre de l'intérieur (L. 28 pluv. an VIII, art. 2, 3 et 13; 18 juillet 1837, art. 9, 10 et 14; 5 mai 1855, art. 50).

L'article 11 du Code d'instruction criminelle attribue exclusivement aux commissaires de police, aux maires, et, à défaut de ceux-ci, aux adjoints de maire, le droit de rechercher les contraventions de police municipale, de recevoir les rapports, dénonciations et plaintes qui y sont relatifs, et d'en constater, par des procès-verbaux rédigés à cet effet, la nature et les circonstances. Les juges d'instruction, les procureurs impériaux et les juges de paix sont incompétents pour ces objets : la même incapacité semblerait atteindre aussi les officiers de gendarmerie, mais la Cour de cassation a reconnu qu'ils n'en sont pas frappés, en décidant, à l'égard des simples gendarmes, que les rapports ou procès-verbaux de ces agents font foi en matière de contraventions jusqu'à preuve contraire. (Arr. du 8 nov. 1838 et 8 août 1840.)

Les gardes champêtres n'ont pas qualité pour constater

les contraventions de police municipale, même dans les localités où il n'existe pas de commissaire de police, et les maires ne peuvent, par conséquent, les charger de l'exécution de leurs arrêtés en cette matière. Ainsi, ils ne sont pas compétents pour constater une contravention à un règlement sur la police des cabarets, à la loi du 18 novembre 1814, sur la célébration des fêtes et dimanches, etc. (Cass., 17 fév. 1859).

Pour suppléer, sous le rapport de la police urbaine ou municipale proprement dite, à l'incapacité des gardes champêtres, les maires peuvent, en les nommant *agents et appariteurs de police, sergents de ville*, etc., rendre leur concours plus efficace, sans leur donner cependant la faculté qu'on ne peut tenir que de la loi, de rédiger les procès-verbaux ; ils font alors de simples rapports, auxquels les maires donnent telle suite qu'ils jugent convenable. (Cass., 11 déc. 1851, 24 fév. 1855, 15 fév. 1862).

Police rurale.

La police rurale a pour objet de veiller à la conservation des fruits de la terre, et d'assurer l'ordre, la sûreté et la salubrité des campagnes.

La police rurale est spécialement sous la juridiction des juges de paix et des maires, et sous la surveillance des gardes champêtres et de la gendarmerie (L. 28 sept.-6 oct. 1791, titre II, art. 1er).

On appelle communément *délits ruraux* les infractions aux lois et règlements sur la police rurale, quelle que soit la pénalité qui les réprime. Ces infractions sont pour la plupart réprimées par la loi du 28 sept. - 6 oct. 1791, appelée assez généralement *Code rural.*

Le titre II de cette loi, ayant pour objet la police rurale, n'a jamais été formellement abrogé. Il doit être exécuté dans toutes les dispositions qui n'ont pas été précisément remplacées par une loi postérieure. Il faut néanmoins reconnaître que la plupart des dispositions de la loi de 1791 ont reçu dans le Code pénal, soit une nouvelle qualification, soit une nouvelle répression.

Police judiciaire.

La police judiciaire recherche les *crimes*, les *délits* et les *contraventions*, en rassemble les preuves, et en livre les auteurs aux tribunaux chargés de les punir (C. inst. crim., art. 8).

Elle est exercée, sous l'autorité des cours impériales et sous la surveillance des procureurs généraux, par les fonctionnaires ci-après :

1° Les procureurs impériaux et leurs substituts ;

2° Les juges d'instruction ;

3° Les juges de paix ;

4° Les commissaires de police ;

5° Les maires et les adjoints ;

6° Les officiers de gendarmerie ;

7° Les gardes champêtres et les gardes forestiers (*Idem*, art. 9).

Quant à la police criminelle et correctionnelle, la haute direction en appartient aux juges d'instruction et aux procureurs impériaux (C. inst. crim., art. 22 et suiv., 55 et suiv.).

Cinq autres officiers de police judiciaire concourent aussi à la recherche des délits et des crimes, mais seulement en qualité d'auxiliaires du procureur impérial, ce sont : les juges de paix, les maires et les adjoints, les commissaires de police et les officiers de gendarmerie (*Idem*, art. 48 et 50).

Ils reçoivent et rédigent concurremment avec le procureur impérial, mais à la charge de les lui envoyer, les dénonciations des crimes et des délits, les déclarations des témoins, les procès-verbaux et actes préliminaires ; ils peuvent continuer la procédure s'il les y autorise.

Les gardes champêtres, n'étant pas *auxiliaires* du procureur impérial, ne peuvent faire seuls des perquisitions ou visites domiciliaires, requérir directement la force publique, envoyer ou conduire de leur chef un prévenu arrêté devant le procureur impérial ; ils doivent le présenter d'abord au juge de paix ou au maire. Ils n'ont pas qualité pour recevoir les dénonciations ni pour faire les actes d'instruction attribués au procureur impérial en cas de flagrant délit ou de réquisition d'un chef de maison.

Ils ont reçu de la loi mission de dénoncer les crimes, délits et contraventions de toute nature qui se commettent dans l'étendue de leur territoire ; mais ils n'ont qualité pour dresser des procès-verbaux faisant foi jusqu'à preuve contraire, qu'au cas de délits ruraux ou pour certains délits et contraventions prévus par des lois spéciales.

DES CONTRAVENTIONS, DES DÉLITS ET DES CRIMES.

Des contraventions.

L'infraction que les lois punissent de peines de police est une contravention.

Les peines de police prévues par le livre IV du Code pénal sont graduées en raison de la gravité des contraventions, lesquelles se divisent en trois classes :

La première comprend les contraventions légères, punies simplement d'une amende depuis 1 fr. jusqu'à 5 fr. inclusivement (C. pén., art. 471).

La seconde, les contraventions punies d'une amende depuis 6 fr. jusqu'à 10 fr. inclusivement (*Id.*, art. 475).

La troisième classe comprend les contraventions punies de 11 fr. à 15 fr. inclusivement (*Id.*, art. 479).

Les tribunaux de police peuvent d'ailleurs prononcer de un à cinq jours d'emprisonnement, dans les cas prévus par la loi.

Indépendamment des contraventions réprimées par le Code pénal, il y en a d'autres prévues et punies de peines de police par divers documents législatifs, notamment par les anciennes lois qui sont restées en vigueur, et par diverses lois intervenues depuis 1810 sur les mauvais traitements envers les animaux domestiques, l'affichage, le roulage, etc.

L'infraction aux règlements légalement faits par l'autorité administrative, les ordonnances de police, par exemple, est punie de 1 fr. à 5 fr. d'amende.

Des délits.

L'infraction que les lois punissent de peines correctionnelles est un délit. Ces peines sont : 1° l'emprisonnement à temps dans un lieu de correction; 2° l'interdiction à temps de certains droits civiques et de famille; 3° l'amende.

Sont des délits ruraux proprement dits : le vol, dans les champs, d'animaux et d'instruments aratoires, de récoltes; la coupe et la dévastation de récoltes; l'abatage, la mutilation et l'écorcement d'arbres; la destruction de greffes; la rupture et la destruction d'instruments d'agriculture, etc.

Des crimes.

L'infraction que les lois punissent d'une peine afflictive et infamante est un crime.

Les peines afflictives et infamantes sont : la mort, les travaux forcés à perpétuité, la déportation, les travaux forcés à temps et la reclusion.

Les peines infamantes sont : le bannissement et la dégradation civique.

Parmi les crimes qui, par l'objet de l'entreprise, peuvent rentrer dans la matière rurale, sont : les vols qualifiés qui ont eu pour objet l'enlèvement de récoltes, d'animaux et instruments d'agriculture; les incendies de forêts, de bois taillis ou de récoltes sur pied, etc.

Les gardes champêtres, n'ayant point le pouvoir de faire la recherche des crimes, doivent se contenter d'en donner connaissance aux fonctionnaires chargés de ce soin.

Flagrant délit.

Il y a flagrant délit : 1° lorsqu'un crime ou un délit se commet actuellement; 2° lorsqu'il vient de se commettre; 3° lorsque le prévenu est poursuivi par la clameur publique; 4° lorsque, dans un temps voisin du délit, le prévenu est trouvé saisi d'effets, armes, instruments ou papiers faisant présumer qu'il est auteur ou complice (C. inst. crim. art. 41).

La loi ne fixe pas le délai qui peut s'écouler entre le moment où le délit a été commis et celui où l'officier de police judiciaire en a été informé, sans que le délit cesse d'être réputé flagrant; mais, dans l'usage, on s'accorde généralement à étendre ce délai à vingt-quatre heures et même davantage.

CHAPITRE PREMIER

ORGANISATION DES GARDES CHAMPÊTRES

§ Ier. — *Institution.*

Il doit y avoir au moins un garde champêtre par commune, et, si le maire et le conseil municipal le jugent nécessaire, il peut en être établi plusieurs.

Si une commune est hors d'état de subvenir à la dépense du traitement d'un garde champêtre, elle peut, avec l'autorisation de l'autorité supérieure, s'associer avec une ou deux communes voisines (L. 28 sept.-6 oct. 1791, titre Ier, section VII, art. 1er; Décr. 20 messidor an III, art. 1 et 2).

§ II. — *Conditions d'admission.*

Les candidats aux fonctions de garde champêtre doivent réunir les conditions suivantes :

1° Être libérés du service militaire ;

2° Être âgés de vingt-cinq ans accomplis (L. 28 sept.-6 oct. 1791, art. 5).

La loi ne fixe pas de limite d'âge ; mais, à moins de circonstances exceptionnelles, les préfets doivent refuser de nommer comme gardes champêtres des personnes qui auraient atteint l'âge de 60 ans (Circ. min. int. 5 août 1852) ;

3° Être reconnus pour gens de probité et de bonnes mœurs (L. 28 sept.-6 oct. 1791, art. 5) ;

4° Savoir lire et écrire. Cette condition toutefois n'est pas indispensable. A défaut d'autre, le maire peut pré-

1.

senter un candidat ne sachant même pas signer son nom.

Autrefois, les places de gardes champêtres étaient réservées aux sous-officiers et soldats sachant lire et écrire, admis à la retraite ou réformés pour cause d'infirmités ou blessures; mais aujourd'hui ils peuvent être pris indistinctement parmi les citoyens qui n'ont pas appartenu à l'armée.

Parmi les qualités morales que doivent réunir les candidats aux fonctions de garde champêtre, on peut citer une grande exactitude, une activité infatigable, une vigilance difficile à tromper, et un désintéressement qui les mettent au-dessus de la corruption.

§ III. — *Incompatibilités.*

Les fonctions de garde champêtre sont incompatibles avec la profession d'aubergiste ou de cabaretier (*École des Communes*, 1833, p. 133).

S'il y a dans la commune un garde forestier, il peut être nommé en même temps garde champêtre, mais seulement avec l'approbation de l'administration forestière.

Les liens de parenté ou d'alliance qui unissent les gardes champêtres aux inculpés n'empêchent pas ces agents de constater les délits et contraventions de ces derniers. Ainsi un garde champêtre pourrait valablement constater un délit de chasse commis par son propre frère (Cass. 7 nov. 1817).

§ IV. — *Nomination.*

Les gardes champêtres sont nommés par les préfets, sur la présentation des maires (Décr. 25 mars 1852, art. 5).

La présentation est faite ordinairement par une lettre adressée au sous-préfet, dans laquelle le maire indique :

1° les nom, prénoms, âge, profession du candidat, s'il a été militaire et s'il sait lire et écrire; 2° les nom et prénoms du garde qu'il s'agit de remplacer, ainsi que le motif du remplacement. A la lettre est jointe une feuille de papier timbré de 50 centimes pour la délivrance de la commission.

§ V. — *Serment.*

Avant d'entrer en fonctions, les gardes champêtres doivent prêter, devant le juge de paix du canton dans lequel ils exercent leurs fonctions, le serment politique prescrit par la Constitution, et le serment professionnel prescrit par la loi du 6 octobre 1791, section VII, art. 5. (Décr. 5 avril 1853, art. 5). Ce serment est ainsi formulé : « Je « jure obéissance à la Constitution et fidélité à l'Empereur; « je jure également de veiller à la conservation de toutes « les propriétés qui sont sous la foi publique et de toutes « celles dont la garde m'est confiée par l'acte de nomi- « nation. »

Les actes de prestation de serment des gardes champêtres doivent être rédigés sur papier timbré et soumis à l'enregistrement. Le droit d'enregistrement est de 3 fr. fixe. Un garde champêtre qui entrerait en fonctions sans avoir prêté serment peut être poursuivi, et est puni d'une amende de 16 à 150 fr. (C. pén. art. 196).

§ VI. — *Installation.*

Après la prestation de serment, le garde champêtre doit se présenter au maire de la commune, qui vise sa commission et le fait reconnaître.

Dans les huit jours qui suivent cette même prestation de serment, il doit se présenter à l'officier ou sous-officier de gendarmerie du canton dans lequel est située la commune à laquelle il est attaché, pour faire inscrire sur un registre à ce destiné son nom, son âge et son domicile (Décr. 11 juin 1806 et 1er mars 1854, art. 624).

§ VII. — *Insignes.*

Les gardes champêtres ne peuvent être obligés de porter un uniforme (Ord., 11 février 1820), mais, dans l'exercice de leurs fonctions, ils doivent avoir sur le bras comme insignes une plaque de métal ou d'étoffe, où sont inscrits les mots suivants : La Loi... garde champêtre de la commune de... (L. 28 sept.-6 oct. 1791, tit. Ier, sect. VII, art. 4).

De ce que les gardes champêtres sont tenus de porter une plaque comme signe distinctif de leurs fonctions, il ne faut pas conclure que leurs procès-verbaux doivent, à peine de nullité, énoncer qu'ils étaient revêtus de cette plaque. Il est de principe, en effet, que l'officier public n'a besoin d'être revêtu de son costume ou des marques distinctives de ses fonctions, pour procéder régulièrement et légalement, qu'autant qu'il s'agit, soit de contraindre la volonté d'un citoyen, soit de s'introduire dans son domicile, soit enfin de faire un acte quelconque qui puisse rendre la rébellion inexcusable; mais quand il ne s'agit que de constater un fait, il ne faut qu'une chose, c'est que l'officier public ait caractère.

§ VIII. — *Armes.*

Les gardes champêtres sont ordinairement armés d'un sabre, mais ils peuvent être autorisés par le préfet de leur département à porter un fusil ou une carabine de guerre (L. 28 sept.-6 oct. 1791, et Ord. 24 juill. 1816). Cette autorisation n'est accordée que sur la proposition motivée du maire, qui ne doit la faire qu'avec une extrême réserve.

De ce qu'ils peuvent être autorisés à porter un fusil, il ne faut pas conclure qu'ils ont le droit de chasse, car l'article 7 de la loi du 3 mai 1844 défend de leur délivrer un permis de chasse.

Les gardes champêtres ne peuvent, sous aucun prétexte, vendre, échanger ni mutiler les armes de guerre qu'ils ont reçues de l'État ou des communes; ils sont tenus de les entretenir à leurs frais, et, lorsqu'ils sont hors de service par leur vétusté, ils doivent les déposer à la mairie et en demander le remplacement.

§ IX. — *Traitement.*

Le traitement des gardes champêtres est fixé par le conseil municipal et porté annuellement au budget. En cas d'insuffisance de leurs revenus, les communes doivent y pourvoir au moyen d'une imposition extraordinaire en addition à la contribution foncière.

Ce traitement est payable par douzième, à la fin de chaque mois, ou par quart à la fin de chaque trimestre. Le mandat de payement doit être appuyé d'une quittance timbrée lorsque le traitement annuel excède 300 francs.

Le traitement court du jour de la prestation de serment.

Les créanciers d'un garde champêtre ne peuvent faire saisir entre les mains du receveur municipal que le cinquième de son salaire (L. 22 mai 1801).

§ X. — *Gratifications et indemnités.*

Indépendamment de leur traitement fixe, les gardes champêtres ont droit à des gratifications.

Lorsqu'ils constatent des contraventions à la loi du 3 mai 1844, sur la police de la chasse, la gratification est fixée ainsi qu'il suit : 8 fr. pour les délits prévus par l'article 11 ; 15 fr. pour les délits prévus par les articles 12 et 13, § 1er ; 25 fr. pour les délits prévus par l'article 13 2. (Ord. 19 mai 1845). — V. POLICE DE LA CHASSE.

Lorsqu'ils constatent des contraventions à la loi sur la police du roulage et des messageries publiques, ils ont droit au tiers de l'amende encourue, à moins qu'il ne s'agisse d'un délit prévu aux articles 10 et 11 (L. 30 mai-8 juin 1851, art. 28). — V. POLICE DU ROULAGE.

Ils ont également droit au tiers des amendes prononcées pour les contraventions de grande voirie qu'ils ont constatées. — V. POLICE DE LA GRANDE VOIRIE.

Lorsqu'un garde champêtre constate l'existence d'une fabrique clandestine de sel hors d'un rayon de 15 kilomètres des côtes, il est rétribué, dans la répartition des amendes, d'après le mode suivi à l'égard des saisies opérées ou auxquelles coopèrent les agents étrangers au service des douanes (Ord. 19 mars 1817, art. 7). — V. ATTRIBUTIONS.

Lorsqu'ils concourent à une saisie en *matière de douanes*, ils ont droit, dans la répartition du produit des confiscations et amendes, à une part égale à celle qui revient à un préposé saisissant. Dans ce cas, le garde champêtre doit se faire porter nominativement dans les procès-verbaux ou rapports qui constatent la saisie (Arr. 26 août 1796).

Lorsqu'un garde champêtre dénonce un passage frauduleux ou un dépôt de denrées ou de marchandises de contrebande, il a droit à un tiers du produit net des saisies. V. ATTRIBUTIONS.

En matière de *contributions indirectes*, lorsqu'un garde champêtre, par suite de la surveillance qu'il exerce au dedans et au dehors de la commune, met les employés des contributions indirectes ou des octrois municipaux à même de constater une fraude ou une contravention, il a droit au tiers du produit net des amendes ou confiscations encourues par suite de ses indications (Arr. min., 17 oct. 1816). — V. ATTRIBUTIONS.

Il est accordé aux gardes champêtres, à titre d'indemnité, un quart des amendes prononcées contre les contrevenants aux règlements sur les affiches peintes (Décr. 25-31 août 1852, art. 6). — V. POLICE DE L'AFFICHAGE.

Tout garde champêtre requis par l'autorité militaire pour agir comme auxiliaire de la force publique pour le maintien de l'ordre a droit aux prestations en nature, au logement, aux indemnités pour perte d'effets et à la solde pour les journées d'hôpitaux fixés par l'article 8, § 3 de l'ordonnance du 31 mai 1831 en faveur de la troupe.

Il est défendu aux gardes champêtres, sous peine d'être destitués et poursuivis comme prévaricateurs, de composer avec les délinquants, lors même qu'ils obtiendraient l'assentiment des maires et des propriétaires, de recevoir un don ou une gratification pour faire un acte de ses fonctions même juste, mais non sujet à salaire, ou pour s'abstenir de dresser des procès-verbaux (C. pén., art. 177). — V. CRIMES ET DÉLITS DES GARDES CHAMPÊTRES.

§ XI. — *Droit de capture.*

En cas d'arrestation de contrevenants au règlement sur la fabrication et la vente des poudres à feu, le garde champêtre a droit à une prime de 15 fr. pour chaque individu arrêté. Outre cette prime, les saisissants ont droit au payement de la valeur de la moitié des poudres saisies (L. 28 avril 1816, art. 223 ; Arr. min. 17 oct. 1816).

Lorsqu'un garde champêtre arrête ou concourt à arrêter des colporteurs ou vendeurs de tabac en fraude, il reçoit une prime de 15 fr. par chaque personne arrêtée.

Pour capture d'une personne, en exécution d'un jugement de simple police (Décr. 7 avril 1813). 3 fr.

Pour capture en exécution d'un mandat d'arrêt ou d'un jugement ou arrêt en matière correctionnelle portant peine d'emprisonnement (*Id.*). 12 fr.

Pour capture en exécution d'une ordonnance de prise de corps portant la peine de reclusion (*Id.*). 15 fr.

Pour capture en exécution d'un arrêt de condamnation aux travaux forcés ou à une peine plus forte (*Id.*). 20 fr.

Pour arrestation de forçats évadés, de soldats réfractaires ou déserteurs (Décr. 12 janvier 1811). 25 fr.

§ XII. — *Droit de gardiennage.*

En cas de saisie-brandon de récoltes pendantes par racines sur des immeubles situés dans une seule commune, le garde champêtre doit être établi gardien, à moins qu'il ne soit saisissant, ou le parent ou l'allié de ce dernier jusqu'au degré de cousin issu de germain inclusivement. Il lui est alloué, pour frais de garde, 75 centimes par jour (C. de procéd. civ., art. 628).

§ XIII. — *Frais de voyage, taxes comme témoins et indemnités de séjour.*

Il n'est dû aucun frais de voyage aux gardes champêtres, tant pour la remise qu'ils sont tenus de faire de leurs procès-verbaux, conformément aux articles 18 et 20 du Code d'instruction criminelle, que pour la conduite des personnes arrêtées devant l'autorité compétente.

Mais lorsque ces gardes sont appelés en justice, soit pour être entendus comme témoins, lorsqu'ils n'ont point dressé de procès-verbaux, soit pour donner des explications sur les faits contenus dans les procès-verbaux par eux dressés, ils ont droit aux mêmes taxes que les témoins ordinaires, c'est-à-dire pour ceux domiciliés à plus d'un myriamètre du lieu où ils sont entendus ; s'ils ne sortent point de leur arrondissement, 1 fr. par myriamètre parcouru et autant pour le retour. S'ils sont appelés hors de leur arrondissement, 1 fr. 50 c. par jour (Décr. 7 avril 1813).

Si les gardes champêtres sont obligés de prolonger leur séjour dans la ville où se fait l'instruction de la procédure, il leur est alloué, pour chaque jour de séjour, une indemnité de 1 fr. 50 c.

§ XIV. — *Franchises et prérogatives.*

Franchise du péage des bacs. — Les gardes champêtres, dans l'exercice de leurs fonctions, jouissent de la franchise du péage au passage des bacs situés dans leurs circonscriptions (Décr. min. fin. 21 déc. 1857).

Franchise des postes. — Ils peuvent correspondre en franchise avec les commissaires de police cantonaux dans la circonscription de ces commissaires ; mais leur correspondance doit être envoyée sous le contre-seing et le couvert des maires (Décis. min. fin. 2 déc. 1853).

Garde nationale. — Ils ne sont pas inscrits au contrôle du service ordinaire de la garde nationale, et sont placés dans la réserve (L. 13 juin 1851, art. 14).

Respect dû aux gardes champêtres. — Lorsqu'ils remplissent publiquement quelque acte de leur ministère, ils ont le droit de faire saisir les individus qui se rendent coupables de tumulte avec injures et voies de fait, et de les envoyer, avec un procès-verbal circonstancié, au parquet du procureur impérial.

Quiconque les outrage par paroles, gestes ou menaces dans l'exercice ou à l'occasion de l'exercice de leurs fonctions, est puni d'un emprisonnement de six jours à un mois et d'une amende de 16 fr. à 200 fr., ou de l'une de ces deux peines seulement (C. pén., art. 224).

Quiconque se rend coupable de violences ou de voies de fait envers eux pendant qu'ils exercent leur ministère ou à cette occasion, peut être puni d'un emprisonnement d'un mois au moins et de trois ans au plus, et d'une amende de 16 fr. à 200 fr. (*Id.*, art. 230).

Lorsqu'ils agissent en leur qualité d'officiers de police judiciaire, ils sont des fonctionnairos publics et non de simples agents de la force publique. Dès lors, les outrages commis contre eux publiquement sont passibles des peines de l'article 5 de la loi du 25 mars 1822, et non pas seulement de celles portées par l'article 224 du Code pénal (Cass. 9 janvier 1858).

Poursuites. — Les gardes champêtres sont justiciables des tribunaux ordinaires pour les délits qu'ils commettent *hors* de l'exercice de leurs fonctions ; mais quant aux délits qu'ils commettent *dans* l'exercice de leurs fonctions, ils sont justiciables de la cour impériale, qui prononce sans qu'il puisse y avoir appel (C. instr. crim., art. 479, 483 et 484, Cass. 19 août 1808 et 16 janvier 1821 ; Ord. 8 juin 1823)

L'autorisation préalable du Gouvernement n'est pas

exigée en cas de poursuite à fins correctionnelles exercées contre un garde champêtre Arr. Cons. d'État, 6 déc.)1852).

Les tribunaux de police ne peuvent d'office, ni sur la demande des officiers qui remplissent près d'eux les fonctions du ministère public, prononcer contre les gardes champêtres des condamnations à raison des fautes ou malversations qu'ils auraient commises dans l'exercice de leurs fonctions. Ces gardes, en leur qualité d'officiers de police judiciaire, sont mis sous la surveillance des procureurs impériaux; ce n'est qu'à ces magistrats qu'il appartient de les poursuivre (Cass., 29 août 1812, 17 et 24 sept. 1819, 8 mars, 31 mai et 14 juin 1822).

§ XV. — *Avancement.*

L'avancement des gardes champêtres consiste à passer dans l'administration forestière, où ils ont un traitement plus élevé et acquièrent le droit à la pension. Cette faveur est accordée à ceux qui l'ont méritée par leur bonne conduite et par leurs services, sur l'avis du maire, des officiers de gendarmerie, des sous-préfets et sur la présentation des préfets. (Décr. 11 juin, 1806, art. 7).

§ XVI. *Congé.*

Les gardes champêtres ne peuvent s'absenter de leur commune, même pour un jour, sans une permission du maire, qui ne peut l'étendre au delà de huit jours sans en référer au sous-préfet.

Si l'absence devait être trop longue, ou qu'une maladie grave forçât un garde champêtre à suspendre temporairement ses fonctions, il peut être nommé un garde champêtre temporaire dans les mêmes formes que s'il s'agissait d'une nomination nouvelle; il serait déclaré seulement que le nouveau titulaire serait revêtu de ses fonctions tout le temps que durerait la maladie ou l'absence du garde en exercice, de telle sorte que ses pouvoirs devraient cesser au moment où le premier pourrait reprendre son service.

§ XVII. — *Suspension.* — *Révocation.*

Les gardes champêtres peuvent être suspendus par le maire, mais le préfet seul peut les révoquer.

Lorsque, en cas de négligence habituelle ou de faute grave, le maire suspend le garde champêtre, il prend un arrêté motivé qu'il lui notifie. S'il y a lieu de provoquer sa révocation, il en fait la proposition au sous-préfet qui la transmet au préfet.

Dès qu'un garde champêtre a reçu la notification de l'arrêté qui le révoque, il doit cesser ses fonctions. Il peut néanmoins se pourvoir contre la décision du préfet auprès du ministre de l'intérieur par un mémoire explicatif.

Tout garde champêtre révoqué, destitué, suspendu, ou interdit légalement, qui, après en avoir eu la connaissance officielle, a continué l'exercice de ses fonctions, est puni d'un emprisonnement de six mois au moins et d'une amende de 100 à 500 fr. Il est, en outre, interdit de l'exercice de toute fonction publique pour cinq ans au moins et dix ans aux plus. (C. pén. art. 197).

§ XVIII.—*Responsabilité.*

Les gardes champêtres sont responsables des dommages-intérêts dans le cas où ils négligent de faire dans les vingt-quatre heures les rapports des délits (L. 28 sept.-6 oct. 1791, titre Ier, sect. VII, art. 7).

La seule omission d'un procès-verbal dans le délai voulu n'entraînerait pas la responsabilité civile; il faut qu'à l'absence de constatation se joigne un fait de négligence. Si donc il s'est commis, sur un point de la commune, un délit rural dont le garde champêtre n'eût pas eu connaissance, sans qu'il y ait faute ou négligence de sa part, il ne saurait être passible de dommages-intérêts pour n'avoir pas immédiatement fait son procès-verbal.

Mais dès qu'il y a eu un fait quelconque de négligence de sa part, il devient civilement responsable; cela aurait lieu s'il était prouvé qu'ayant eu connaissance du délit, il avait néanmoins omis de verbaliser sans empêchement légitime, ou s'il n'avait ignoré le délit que par suite de sa négligence à faire la tournée qui lui est imposée par les devoirs de sa fonction ; dans ce dernier cas, comme dans l'autre, s'il n'y a pas eu procès-verbal, c'est par suite de la négligence du garde champêtre; la responsabilité est dès lors encourue (*Journal des commissaires de police*, 1857, p. 14).

§ XIX. — *Crimes et délits commis par les gardes champêtres.*

Tout garde champêtre qui a agréé des offres ou promesses, ou reçu des dons ou présents pour faire un acte de sa fonction, même juste, mais non sujet à salaire, est puni de la dégradation civique, et condamné à une amende double de la valeur des promesses agréées ou des choses reçues, sans que ladite amende puisse être inférieure à 200 francs. La présente disposition est applicable au garde qui, par offres ou promesses agréées, dons ou présents reçus, se serait abstenu de faire un acte qui entrait d ns le cadre de ses devoirs (C. pén., art. 177). Ainsi, un garde champêtre qui reçoit des dons ou présents d'un délinquant pour ne pas dresser procès-verbal d'un délit ou d'une contravention commet le crime de concussion.

Tout délit contre les propriétés, s'il est commis par un garde champêtre, est puni d'un emprisonnement d'un tiers en sus de la peine la plus forte qui serait appliquée à un autre coupable, sans que jamais cet emprisonnement soit de moins d'un mois (C. pén., art. 462). Pour tout autre délit de police correctionnelle commis par eux, les gardes champêtres sont punis du maximum de la peine attachée à l'espèce du délit (C. pén., art. 198). S'il s'agit d'un crime, ils sont condamnés, savoir : à la reclusion, si le crime emporte contre tout autre coupable la peine du bannissement ou de la dégradation civique ;

Aux travaux forcés à temps, si le crime emporte contre tout autre coupable la peine de la reclusion ou de la détention ;

Aux travaux forcés à perpétuité, lorsque le crime emporte contre tout autre coupable la peine de la déportation ou celle des travaux forcés à temps (C. pén., art. 198).

§ XX. — *Subordination des gardes champêtres.*

Considérés comme agents communaux, les gardes champêtres sont sous l'autorité immédiate du maire.

Comme officiers de police judiciaire, ils sont sous la surveillance du procureur impérial (C. inst. crim., art. 16), et sous la haute autorité du procureur général, qui, en cas de négligence, peut leur adresser un avertissement, et, en cas de récidive, les faire citer devant la cour impériale.

Ils sont aussi sous la surveillance des juges de paix, des

officiers, sous-officiers, brigadiers de gendarmerie et des commissaires de police cantonaux.

§ XXI.—*Rapports des gardes champêtres avec les maires.*

Le garde champêtre doit se rendre tous les jours chez le maire, à l'heure indiquée par ce fonctionnaire, pour lui faire son rapport verbal de tous les faits qu'il a découverts dans la journée précédente, spécialement de ceux qui sont contraires au maintien de l'ordre et de la tranquillité publique ; lui donner avis de tous les délits commis sur le territoire de la commune ; le prévenir des individus étrangers qui viennent s'y établir, recevoir les ordres que le maire croit convenable de lui donner, enfin rendre compte de ceux précédemment reçus.

Il doit se mettre entièrement à la disposition du maire ou de l'adjoint pour l'assister dans toutes les opérations qu'il a le droit de faire en exécution des lois, telles que visites domiciliaires et perquisitions, dispersion de rassemblements et émeutes, visites des fours et cheminées, exécution des règlements concernant la fermeture des cabarets, etc.

Il doit exécuter les ordres du maire, tant pour la transmission des dépêches urgentes à envoyer, soit au juge de paix, soit au procureur impérial, soit au sous-préfet ou au préfet, soit aux conseillers municipaux, officiers de la garde nationale, et autres fonctionnaires en relation avec les maires en raison de leurs fonctions, pour tout ce qui est relatif aux cérémonies publiques.

En un mot, les gardes champêtres doivent déférer sans objections aux ordres que leur transmettent les maires dans le cercle de leurs attributions, c'est-à-dire toutes les fois qu'il s'agit d'un service public et d'un acte rentrant dans les limites de la compétence des gardes champêtres (MARC DEFAUX, *Guide manuel général du garde champêtre et du messier*).

§ XXII. — *Rapports des gardes champêtres avec la gendarmerie.*

Les gardes champêtres des communes sont placés sous la surveillance des commandants de brigade de gendarmerie; ces derniers inscrivent, sur le registre à ce destiné, les noms, l'âge et le domicile de ces gardes champêtres, avec des notes sur leur conduite et leur manière de servir (Décr. 1er mars-11 avril 1854, art. 624).

Les officiers, sous-officiers et brigadiers s'assurent dans leurs tournées si les gardes champêtres remplissent bien les fonctions dont ils sont chargés; ils donnent connaissance aux préfets ou sous-préfets de ce qu'ils ont appris sur la moralité et le zèle de chacun d'eux (*Id.*, art. 625).

Dans les cas urgents ou pour des objets importants, les sous-officiers et brigadiers de gendarmerie peuvent mettre en réquisition les gardes champêtres d'un canton, et les officiers ceux d'un arrondissement, soit pour les seconder dans l'exécution des ordres qu'ils ont reçus, soit pour le maintien de la police et de la tranquillité publique; mais ils sont tenus de donner avis de cette réquisition aux maires et aux sous-préfets, et de leur en faire connaître les motifs généraux (*Id.*, art. 626).

Les officiers, sous-officiers et brigadiers de gendarmerie adressent au besoin aux maires, pour être remis aux gardes champêtres, le signalement des individus qu'ils ont l'ordre d'arrêter (*Id.*, art. 627).

§ XXIII. — *Rapports des gardes champêtres avec les commissaires de police cantonaux.*

Les commissaires de police cantonaux peuvent requérir les gardes champêtres de leur canton, mais ce droit de réquisition ne doit être exercé que lorsque le maintien de l'ordre, la tranquillité publique, la sécurité des personnes, en un mot, lorsque des circonstances exceptionnelles réclament le concours immédiat de ces agents (Décr 28 mars-12 avril 1852; Cir. minist. 4 oct. 1853).

Les gardes champêtres doivent les informer de tout ce qui peut intéresser la sûreté publique et leur fournir toutes les indications de nature à conduire à la découverte des crimes et délits qui se commettraient dans l'étendue du territoire confié à leur surveillance (*Id.*).

CHAPITRE II

ATTRIBUTIONS

Contraventions et délits ruraux. — Les gardes champêtres ont pour principale attribution d'assurer la conservation des récoltes et des propriétés rurales situées sur le territoire de la commune pour lequel ils sont assermentés; en conséquence, ils sont chargés de rechercher les délits et contraventions de police qui ont porté atteinte aux propriétés rurales (C. inst. crim., art. 16).

Ils dressent des procès-verbaux à l'effet de constater la nature, les circonstances, le temps, le lieu des délits et des contraventions, ainsi que les preuves et les indices qu'ils ont pu en recueillir (*Id.*).

Perquisitions. — Ils suivent les choses enlevées dans les lieux où elles ont été transportées et les mettent en séquestre. Ils ne peuvent, néanmoins, s'introduire dans les maisons, ateliers, bâtiments, cours adjacentes et enclos, si ce n'est en présence soit du juge de paix ou de son suppléant, soit du commissaire de police, soit du maire ou de son adjoint, et le procès-verbal qui est dressé doit être signé par le fonctionnaire en présence duquel il a été rédigé (*Id.*).

Si les objets suivis par les gardes ont été transportés dans une commune voisine, ces préposés en informent le maire de cette commune, qui commet ses gardes pour faire avec son assistance la perquisition requise.

Les gardes étrangers qui ont reconnu le délit doivent

être présents pour constater l'identité des objets enlevés que l'on parvient à découvrir.

FLAGRANT DÉLIT. — Ils arrêtent et conduisent, soit devant le juge de paix, soit devant le maire ou le commissaire de police, tout individu qu'ils ont surpris en flagrant délit ou qui est dénoncé par la clameur publique, lorsque ce délit emporte la peine d'emprisonnement ou une peine plus grave (C. inst. crim., art. 16.)

Ils se font donner au besoin main-forte par le maire, ou par l'adjoint, qui ne peut s'y refuser, si toutefois le délit dont il s'agit est de nature à emporter la peine d'emprisonnement (C. for., art. 188).

Ils ont aussi le droit, dans ce cas, de requérir le secours des assistants (C. pén., art. 475, nº 12).

En général, les gardes champêtres ne doivent user du droit d'arrestation que si l'indivu surpris en flagrant délit a commis un crime : s'il s'agit d'un délit correctionnel, ils n'arrêtent le coupable que s'il leur est inconnu.

Ils ne doivent jamais arrêter pour une simple contravention. Ce serait de leur part un excès de pouvoir passible de la peine des travaux à temps que d'arrêter un citoyen, *même surpris en flagrant délit*, si la faute qu'il a commise n'est susceptible que d'une condamnation à l'amende (C. pén., art. 361).

DÉLITS FORESTIERS. — Ils constatent les délits et contraventions commis dans les bois non soumis au régime forestier, c'est-à-dire dans les bois des particuliers. — V. POLICE DES BOIS NON SOUMIS AU RÉGIME FORESTIER.

SAISIE.—MISE EN FOURRIÈRE. — Les gardes champêtres ont qualité pour saisir et mettre en fourrière : 1º tout troupeau atteint de maladie contagieuse, qui est rencontré au pârage sur les terres du parcours ou de la vaine pâture autres que celles qui ont été désignées pour lui seul (L. 28 sept.-6 oct. 1791, titre II, art. 23). Lorsque, par suite d'un délit ou d'un accident, des bestiaux, des voitures, des animaux de charge ou de monture ont été saisis ou abandonnés, tous doivent être mis en fourrière ou séquestre, jusqu'à ce que le propriétaire se présente pour les réclamer. Il est de suite donné avis au procureur impérial de la mise en fourrière, avec le signalement des animaux qui s'y trouvent placés. C'est au maire à désigner pour la commune, le local qui doit servir de fourrière (L. 28 sept.-6 oct. 1791, dito titre, art. 12).

ATTRIBUTIONS DIVERSES. Les gardes champêtres sont en outre chargés :

1° De constater les délits de chasse et de pêche. V. POLICE DE LA CHASSE ET DE LA PÊCHE :

2° De dresser des procès-verbaux des délits et contraventions aux lois et règlements sur la grande et la petite voirie, la police du roulage et des messageries publiques, des chemins de fer, des lignes télégraphiques, des cours d'eau, des bacs et bateaux de passage, des carrières et tourbières, des affiches peintes. — V. POLICE DE LA CHASSE, DE LA PÊCHE, DE LA GRANDE VOIRIE, DES CHEMINS VICINAUX, DES CHEMINS DE FER, DES LIGNES TÉLÉGRAPHIQUES, DES COURS D'EAU, DES BACS ET BATEAUX, DES CARRIÈRES ET TOURBIÈRES, DE L'AFFICHAGE.

SAISIES-BRANDONS. — Les gardes champêtres sont établis gardiens des saisies brandons, à moins qu'ils ne soient compris dans l'exclusion portée par l'article 598 du Code de procédure civile, contre les parents ou alliés du saisissant jusqu'au degré de cousin issu de germain inclusivement et contre ses domestiques, ou à moins que les objets saisis ne se trouvent sur des communes contiguës.

NOTIFICATIONS D'ACTES ADMINISTRATIFS. — Ils sont chargés par les maires de faire la notification de certains actes de l'administration aux particuliers qu'ils concernent; par exemple, de notifier aux jeunes gens désignés par le sort pour faire partie du contingent de leur canton, leurs titres de mise en activité de service comme militaires.

APPOSITION D'AFFICHES. — Ils sont chargés encore quelquefois de l'apposition de certaines affiches; ainsi, la loi du 16 septembre 1806 sur les digues veut que le dépôt du plan périmétral et du procès-verbal de classement soient déposés à la mairie, et que ce dépôt soit annoncé par une copie de l'arrêté, affichée pendant trois dimanches consécutifs, laquelle publication est constatée par un procès-verbal du garde champêtre.

CITATIONS. — Comme agents de la force publique, ils peuvent être chargés de porter aux gardes nationaux les citations pour comparaître devant les conseils de discipline.

DOUANES. — Ils peuvent être requis, par l'entremise des maires, de prêter main-forte aux préposés des douanes (L. 22 août 1791, art. 14). — Ils doivent seconder ces préposés, même sans en être requis, soit en leur donnant tous les renseignements qui sont à leur connaissance, soit en concourant avec eux aux saisies résultant de contraventions aux lois sur l'importation, l'exportation ou la circulation des marchandises.

Deux gardes champêtres ou un garde champêtre assisté d'un citoyen quelconque, peuvent constater, sans l'assistance d'aucun préposé, une contravention aux lois de douanes (L. 28 avril 1799, titre IV, art. 1er).

Lorsque des gardes champêtres arrêtent sur la frontière des denrées ou marchandises pour contraventions aux lois sur les douanes, les objets saisis doivent être conduits au bureau des douanes le plus voisin du lieu de l'arrestation. Ces gardes y rédigent de suite leur rapport, en énonçant la date et la cause de la saisie; la déclaration qui en a été faite au prévenu ; les noms, qualités et demeures des saisissants et de celui chargé des poursuites ; l'espèce, le poids et le nombre des objets saisis ; la présence de la partie à leur description ou la sommation qui lui aura été faite d'y assister ; le nom et la qualité du gardien, le lieu de la rédaction du rapport et l'heure de la clôture (*Id.*, art. 2 et 3).

Le plus souvent, ce procès-verbal est dressé par le receveur ou par tout autre employé attaché au bureau où l'on amène les objets saisis, sur les déclarations des saisissants qui n'ont plus qu'à signer.

Contributions indirectes. — Les gardes champêtres doivent prêter aide et assistance aux employés des contributions indirectes, toutes les fois qu'ils en sont requis (L. 28 avril 1816, art. 245). — Ils doivent, en outre, transmettre à ces employés les renseignements qui seraient de nature à les mettre sur la trace de fraudes ou de contraventions relatives à la régie des contributions indirectes ou des octrois municipaux.

Tabacs. — Ils ont qualité pour dresser procès-verbal de toutes les contraventions relatives à l'achat, la culture, la fabrication, la vente et le colportage des tabacs ; pour procéder à la saisie des tabacs de fraude, des ustensiles et mécaniques qui auraient servi à les fabriquer, à celle des chevaux, voitures, bateaux et autres objets servant au transport et pour constituer prisonniers ceux qu'ils surprendraient vendant en fraude du tabac à leur domicile, et ceux qui en colporteraient (L. 28 avril 1816, art. 223).

Poudres à feu. — Ils sont au nombre des agents qui ont le droit de saisir ou de concourir aux saisies, ainsi que de constater les contraventions en matière de poudres à feu. Aucune vente de poudre ne peut s'opérer ailleurs que dans les entrepôts et débits de tabacs (Ord. 25 mai 1848).

Cartes à jouer. — Ils sont compétents pour constater la fraude et la contrebande sur les cartes à jouer.

Sels. — Ils sont chargés de rechercher toute fabrication clandestine de sel ou de liqueur saline, hors de trois lieues de la ligne des côtes. Les recherches ne peuvent toutefois avoir lieu dans les maisons habitées qu'avec l'assistance d'un officier municipal après le lever et avant le coucher du soleil (Ord. 19 mars 1817, art. 7).

Réquisition des gardes forestiers et gardes-pêche. — Comme agents de la force publique, les gardes champêtres sont tenus de déférer aux réquisitions qui leur sont faites par les agents et les gardes de l'administration forestière, pour la répression des délits forestiers, ainsi que pour la recherche et la saisie des bois coupés en délit, vendus ou achetés en fraude (C. forest., art. 164).

Ils doivent également déférer aux réquisitions des gardes-pêche, nommés par l'administration pour la répression des délits de pêche.

Aide et main-forte aux huissiers. — Les gardes champêtres sont tenus de prêter aide et main-forte aux huissiers, toutes les fois qu'ils en sont requis, et de les aider de leurs renseignements, sans pouvoir exiger aucune rétribution (Décr. 18 juin 1811, art. 77).

Arrestations. — Ils ont également le droit et le devoir, en leur qualité d'agents de la force publique, d'arrêter, sans mandat de police ou autre acte, les conscrits réfractaires, les déserteurs, les forçats évadés des bagnes, les repris de justice en état de rupture de ban, les mendiants, les vagabonds, les filous, ceux qui vendent des livres obscènes et généralement les gens sans aveu. Les prévenus arrêtés doivent être conduits devant le maire. Il en est de même des chasseurs déguisés ou masqués.

Le soin d'exécuter les mandats de justice étant confié aux huissiers et aux agents de la force publique, les gardes champêtres peuvent être chargés de cette exécution.

Police urbaine ou municipale. — Ils sont chargés de veiller à l'exécution des règlements généraux et particuliers de police urbaine, et d'informer immédiatement les maires ou adjoints des contraventions qui y seraient commises. Ils n'ont pas du reste qualité pour constater par des procès-verbaux des contraventions à ces règlements.

Crimes, délits et contraventions de toute nature. — Les gardes champêtres doivent signaler au maire, au commissaire de police et à la gendarmerie, les crimes, délits et contraventions de toutes natures qui parviendraient à leur connaissance, en quelque lieu qu'ils aient été commis.

CHAPITRE III

CONTRAVENTIONS ET DÉLITS RURAUX QUI DOIVENT ÊTRE RECHERCHÉS ET CONSTATÉS PAR LES GARDES CHAMPÊTRES.

Conservation des récoltes.

Les gardes champêtres, chargés spécialement de veiller sur les campagnes, doivent rapporter avec soin dans leurs procès-verbaux toutes les circonstances des entreprises dommageables dirigées contre les produits agricoles et contre les champs préparés à les recevoir ou déjà couverts de récoltes. Ils doivent soigneusement détailler en quoi consiste l'entreprise, dans quel état se trouvaient, au moment de l'acte, le champ où il s'est accompli, et les récoltes qui ont souffert. Il importe surtout d'estimer dans le procès-verbal le dommage causé.

Passage de l'homme.— Ceux qui, n'étant ni propriétaires, ni usufruitiers, ni locataires, ni fermiers, ni jouissant d'un terrain ou d'un droit de passage, ou qui, n'étant ni agents, ni préposés d'aucune de ces personnes, sont entrés ou ont passé sur ce terrain, ou sur partie de ce terrain s'il est préparé ou ensemencé, sont punis d'une amende de 1 franc jusqu'à 5 francs inclusivement (C. p., art. 471, n° 13). L'amende s'élève de 6 francs à 10 francs inclusivement, si le terrain était chargé de grains en tuyaux, de raisins ou autres fruits mûrs ou voisins de la maturité (*Id.*, art. 475, n° 9).

Le passage à cheval ou en voiture, s'il est effectué sur le terrain d'autrui ensemencé ou chargé d'une récolte en quelque saison que ce soit, est également puni d'une amende de 6 francs à 10 francs (C. p., art. 475, nº 10). La peine n'est que de 1 franc à 5 francs lorsque la récolte, étant coupée, n'est pas encore enlevée (*Id.*, art. 471, nº 14).

Les prairies naturelles, étant dans un état de production permanente, doivent être considérées en tout temps comme des terrains préparés ou ensemencés; en conséquence, le fait de s'introduire sans droits constitue une contravention de passage (Cass., 26 mai 1836, 4 décembre 1847, 18 mai 1849).

Mais il n'y a plus contravention si le passage n'a été effectué qu'à raison de l'impraticabilité du chemin public dont le fonds serait voisin (Cass., 27 juin et 6 septembre 1845); ou, s'il a lieu de la part du propriétaire d'un fonds enclavé, à l'effet d'extraire la récolte de ce fonds (Cass., 25 avril 1846); ou de la part de l'entrepreneur de travaux publics qui doit arriver au champ à lui indiqué pour l'extraction des matériaux (Cass., 3 août 1837).

FAITS DES ANIMAUX.— La loi soumet à des répressions distinctes le passage, l'introduction, la garde à vue, l'abandon, le passage des animaux dans les champs ensemencés ou couverts de récoltes.

Passage.— Il y a passage d'animaux lorsqu'on leur fait volontairement ou qu'on les laisse par négligence traverser le territoire d'autrui, sans qu'on ait l'intention de les y faire paître. Sont punis de 1 franc à 5 francs d'amende ceux qui ont laissé passer leurs bestiaux ou leurs bêtes de trait, de charge ou de monture sur le terrain d'autrui, avant l'enlèvement de la récolte, lorsqu'elle est coupée (C. p. art. 471, nº 16).

Sont punis d'une amende de 6 francs à 10 francs inclusivement ceux qui ont fait ou laissé passer des bestiaux, animaux de trait, de charge ou de monture, sur le terrain d'autrui ensemencé ou chargé d'une récolte en quelque saison que ce soit, ou dans un bois taillis appartenant à autrui (C. p., art. 475, n° 10).

Introduction. — L'introduction consiste dans l'acte de mener les bestiaux dans un champ avec la volonté de les y faire paître, mais sans les garder à vue. Sont punis d'une amende de 11 francs à 15 francs inclusivement ceux qui mènent, sur le terrain d'autrui, des bestiaux, de quelque nature qu'ils soient, et notamment dans les prairies artificielles, dans les vignes, oseraies, dans les plants de câpriers, dans ceux d'oliviers, de mûriers, de grenadiers, d'orangers, et d'arbres du même genre, dans tous les plants ou pépinières d'arbres fruitiers ou autres faits de main d'homme (C. pén., art. 479, n° 10).

Garde à vue. — Quiconque est trouvé gardant à vue des bestiaux dans les récoltes d'autrui est condamné à une amende égale à la somme du dédommagement, et peut l'être, suivant les circonstances, à une détention d'une année au plus (L. 28 sept.-6 oct. 1791, tit. II, art. 26).

Abandon. — Il y a abandon quand, en l'absence de leur propriétaire ou de leur gardien habituel qui les a délaissés, des animaux s'introduisent spontanément, et indépendamment de tout fait de l'homme, dans les champs en état de production (Cass. 28 mai 1841, et 10 janv. 1846). Outre l'action en dommages-intérêts de la part du propriétaire lésé, le délit d'abandon est punissable d'une amende ou d'une détention, soit municipale, soit correctionnelle, ou de détention et d'amende réunies, suivant les circonstances et la gravité du fait (L. 28 sept.-6 oct. 1791, tit. II, art. 3, et 23 thermidor an IV, art. 2).

Si ce sont des volailles, de quelque espèce que ce soit, laissées à l'abandon qui causent des dommages, le propriétaire ou le fermier qui l'éprouvent peut les tuer, mais seulement sur lieu et au moment du dégât (L. 28 sept.-6 oct. 1791, tit. II, art 12).

Dans les biens qui ne sont sujets ni au parcours ni à la vaine pâture, pour toute espèce de chèvre qui est trouvée sur l'héritage d'autrui contre le gré du propriétaire de l'héritage, il est payé une amende de la valeur d'une journée de travail par le propriétaire de la chèvre.

Dans le pays de parcours ou de vaine pâture, où les chèvres ne sont pas rassemblées et conduites en troupeaux commun, celui qui a des animaux de cette espèce ne peut les mener aux champs qu'attachées, sous peine d'une amende de la valeur d'une journée de travail par tête d'animal.

En quelque circonstance que ce soit, lorsqu'elles ont fait du dommage aux arbres fruitiers ou autres, haies, vignes, jardins, l'amende est double, sans préjudice du dédommagement dû au propriétaire (L. 28 sept.-6 oct. 1791, tit. II, art. 18).

Pacage. — Les conducteurs de bestiaux revenant des foires ou les menant d'un pays à un autre, même dans les pays de parcours ou de vaine pâture, ne peuvent les laisser pacager sur les terres des particuliers ni sur les communaux, sous peine d'amende de la valeur de deux journées de travail, en outre du dédommagement. L'amende est égale à la somme du dédommagement, si ce dommage est fait sur un terrain ensemencé ou qui n'a pas été dépouillé de sa récolte, ou dans un enclos rural. Il peut y avoir lieu, envers les conducteurs, à la détention de police municipale suivant les circonstances. (L. 28 sept.-6 octobre 1791, titre II, art. 25.)

Coupe et dévastation de récoltes, plants et greffes. — Dans les cas suivants, si le fait a été commis en haine d'un fonctionnaire public et à raison de ses fonctions, le coupable est puni du maximum de la peine ; il en est de même, quoique cette circonstance n'existe pas, si le fait a été commis pendant la nuit (C. pén., art. 450).

Coupe de grains et fourrages. — Ce délit a lieu quand on se borne à couper les grains et fourrages appartenant à autrui dans le but de nuire, mais sans détruire l'objet coupé et sans intention manifeste de se l'approprier. Dans ce cas, la peine consiste dans un emprisonnement de six jours au moins et de deux mois au plus (C. pén., art. 449) ; mais l'emprisonnement est de vingt jours au moins et de quatre mois au plus, s'il a été coupé du grain en vert (*Id.*, art. 450).

Abatage et mutilation d'arbres, destruction de greffes. — Quiconque a abattu un ou plusieurs arbres qu'il savait appartenir à autrui, est puni d'un emprisonnement de six jours au moins et de six mois au plus, à raison de chaque arbre coupé, sans que la totalité puisse excéder cinq ans (C. pén., art. 445). — Il est entendu qu'il ne s'agit pas ici d'arbres abattus dans les forêts, délit prévu par les lois forestières. Les peines sont les mêmes à raison de chaque arbre mutilé, coupé ou écorcé de manière à le faire périr (*Id.*, art. 446).

Si ces arbres ont été coupés en tout ou en partie, ou écorcés sans que la mutilation soit de nature à les faire

3

périr, les coupables sont condamnés à une amende double du dédommagement dû au propriétaire, et à une détention de police correctionnelle qui ne peut excéder six mois (L. 28 sept.-6 oct. 1791, tit. II, art. 14).

S'il y a eu destruction d'une ou de plusieurs greffes, l'emprisonnement est de six jours à deux mois, à raison de chaque greffe, sans que la totalité puisse excéder deux ans (C. pén., art. 447).

Le minimum de la peine est de vingt jours pour les cas d'abatage ou de mutilation d'arbres, et de dix jours pour le cas de destruction de greffes, si les arbres étaient plantés sur les places, routes, chemins, rues, ou voies publiques, ou vicinales, ou de traverse (*Id.*, art. 448).

Dévastation de récoltes et plants d'arbres. — Quiconque a dévasté des récoltes sur pied, ou des plants venus naturellement ou faits de main d'homme, est puni d'un emprisonnement de deux ans au moins et de cinq ans au plus ; les coupables peuvent, de plus, être mis, par l'arrêt ou le jugement, sous la surveillance de la haute police pendant cinq ans au moins et dix ans au plus (C. pén., art. 444).

Si la dévastation s'exerçait sur des récoltes et plants déjà abattus et coupés, elle pourrait constituer, suivant les circonstances, soit la contravention de dommage volontairement causé aux propriétés mobilières d'autrui, qui est punie d'une amende de 11 à 15 francs, soit le crime de pillage des mêmes propriétés, puni des travaux forcés à temps et d'une amende de 200 fr. à 5,000 francs (C. pén., art. 479, n° 1, et 440).

Les plants dont il s'agit sont ceux qui sont situés sur des champs ouverts, et non les plants situés dans les bois et forêts (Cass., 22 fév. 1821)

Maraudage et vol de récoltes et de fruits dans les champs. — Quiconque a volé ou tenté de voler dans les champs des récoltes ou autres productions utiles de la terre, déjà détachées du sol, ou des meules de grains faisant partie de récoltes, est puni d'un emprisonnement de quinze jours à deux ans, et d'une amende de 16 francs à 200 francs; l'emprisonnement est d'un an à cinq ans, et l'amende de 16 francs à 500 francs, si le fait a été commis, soit la nuit, soit par plusieurs personnes, soit à l'aide de voitures ou d'animaux de charge (C. pén., art. 388).

Lorsque les récoltes ou autres productions n'étaient pas séparées du sol avant le vol ou la tentative de vol, et que le fait coupable a eu lieu, soit avec des paniers ou des sacs, ou autres objets équivalents, soit la nuit et à l'aide de voiture ou d'un bateau, qu'il faut assimiler à une voiture, ou d'animaux de charge, soit par plusieurs personnes, la peine est d'un emprisonnement de quinze jours à deux ans, et d'une amende de 16 francs à 200 francs (C. pén., 388; Cass., 23 mai 1839).

La peine n'est plus que de 6 francs à 10 francs d'amende lorsqu'il y a maraudage, c'est-à-dire lorsqu'on a dérobé, sans aucune des circonstances aggravantes mentionnées ci-dessus, des récoltes ou autres productions utiles de la terre qui, avant d'être soustraites, n'étaient pas encore détachées du sol (C. pén., art. 475, n° 15).

Si les récoltes étaient détachées du sol, tels que grains en gerbes, fruits enlevés des arbres, pommes de terre, c'est un vol.

Ceux qui, sans autre circonstance prévue par les lois, ont cueilli ou mangé sur le lieu même des fruits appartenant à autrui, sont punis d'une amende de 1 franc à

5 francs (C. pén., art. 471, n° 9). — Si les fruits cueillis n'ont pas été mangés sur le lieu, mais ont été emportés, c'est un maraudage puni d'une amende de 6 fr. à 10 fr.

GLANAGE, RATELAGE, GRAPPILLAGE. — La loi permet aux vieillards, aux personnes infirmes et aux enfants de recueillir, à la suite de la récolte, les fruits abandonnés dans les champs, prés et vignes ouverts, mais il y a interdiction de glaner, râteler, grappiller dans tout enclos rural (L. 28 sept.-6 oct. 1791. tit. II, art. 21).

Le droit de glanage ne commence qu'après l'enlèvement des fruits, qu'après que les champs sont entièrement dépouillés et vidés de leurs récoltes (C. pén., art. 471, n° 10). Il ne peut s'exercer avant le moment du lever ou après le coucher du soleil. Ceux qui contreviennent à ces dispositions sont passibles d'une amende de 1 franc à 5 francs, et peuvent, en outre, être condamnés, selon les circonstances, à un emprisonnement de trois jours au plus (C. pén., art. 471, n° 10, 473, 474).

Les anciens règlements sur le glanage, qui étaient en vigueur dans chaque province, n'ont point été abrogés, et on doit s'en rapporter à leurs prescriptions pour tous les cas où il n'y a pas eu dérogation expresse (Cass., 23 déc. 1818 et 8 oct. 1840).

Pour maintenir le profit que les pauvres peuvent tirer du glanage, le législateur défend de mener des troupeaux d'aucune espèce dans les champs moissonnés et ouverts avant les deux jours qui suivent l'enlèvement de la récolte, sous peine d'une amende de la valeur d'une journée de travail et d'une amende double si les bestiaux ont pénétré dans un enclos rural (L. 28 sept.-6 oct. 1791, tit. II, art, 21).

Ban de vendange. — Chacun est libre de faire sa récolte, de quelque nature qu'elle soit, au moment qui lui convient, pourvu qu'il ne cause aucun dommage aux propriétaires voisins. Cependant, dans les pays où le ban de vendange est en usage, il peut être fait, à cet égard, un règlement chaque année par le conseil municipal de la commune, mais seulement pour les vignes non closes. Sont punis d'une amende de 6 francs à 10 francs ceux qui contreviennent aux bans de vendanges (L. 28 sept.-6 oct. 1791, tit. Ier, sect. v, n° 2; C. pén., art. 475, n° 5).

Tout arrêté municipal qui prescrirait l'observation d'un ban autre que celui des vendanges, tel que l'observation de bans de moisson, de fauchaison, etc., n'aurait pas de base légale, et l'infraction de quiconque y manquerait ne saurait constituer une contravention punissable (Bourguignat, *Traité du droit rural*, p. 309).

Enlèvement des engrais dans les champs. — Celui qui, sans la permission du propriétaire ou fermier, enlève des fumiers, de la marne, ou tous autres engrais portés sur les terres, est condamné à une amende qui n'excède pas la valeur de six journées de travail, en outre du dédommagement, et peut l'être à la détention de police municipale. L'amende est de douze journées et la détention peut être de trois mois, si le délinquant a fait tourner à son profit lesdits engrais (L. 28 sept.-6 oct. 1791, titre II, art. 33).

Échenillage. — Tout propriétaire, fermier, locataire et autres, faisant valoir leurs propres héritages ou ceux d'autrui, sont tenus d'écheniller ou de faire écheniller les arbres situés sur ces héritages; il leur est enjoint de brûler sur-le-champ les bourses et toiles qui sont tirées des arbres, haies et buissons, et de choisir, pour cette opération, un lieu où il n'y ait aucun danger de communiquer le feu, soit aux bois, arbres et bruyères, soit aux maisons et bâtiments (L. 26 vent. an IV, art. 1er et 2).

Le 20 janvier de chaque année, la loi du 26 ventôse an IV, qui règle l'échenillage, doit être publiée dans toutes les communes par les maires, sur la réquisition du préfet, à peine de responsabilité, en cas de négligence (*Id.*, art. 4, 5, 8).

Aussitôt l'avertissement donné, les habitants du lieu doivent faire procéder à l'opération prescrite, laquelle doit être exécutée le 20 février, au plus tard. Ceux qui n'auraient pas échenillé sont passibles d'une amende de 1 fr. à 5 fr. inclusivement (C. pén., art. 471, no 8).

Il est verbalisé contre les contrevenants, soit par le maire, soit par l'adjoint, soit par le garde champêtre de la commune, et, comme l'omission qui leur est reprochée constitue une contravention de simple police, les procès-verbaux sont envoyés, dans les trois jours, au commissaire qui fait les fonctions du ministère public près du tribunal de police de la commune ou du canton.

En cas de contravention, les maires ont le droit de faire opérer l'échenillage aux frais de qui de droit, et, dans ce cas, l'exécutoire des dépens est délivré par le juge de paix contre les propriétaires et les fermiers sur les quittances des ouvriers. Le payement de ces dépenses ne dispense pas les contrevenants d'acquitter, en outre, l'amende qu'ils ont encourue (L. 26 ventôse an IV, art. 7).

L'obligation de faire écheniller n'est imposée que pour les arbres épars ou réunis dans un champ, les haies ou buissons; le propriétaire d'un bois ou d'une forêt ne pourrait être soumis à l'échenillage (Cass., 19 juillet 1851 et 3 déc. 1858).

Parcours et vaine pature.— Le parcours est une servitude exercée, dans l'intérêt général de leurs habitants, par deux communes respectivement à l'égard l'une de l'autre, et en vertu de laquelle toutes deux peuvent envoyer réciproquement leurs troupeaux et leurs bestiaux pâturer sur leurs territoires. Quand le parcours s'exerce de particulier à particulier, dans les limites d'une même commune, par l'envoi réciproque de leurs bestiaux sur les fonds des uns et des autres, il prend le nom de vaine pâture.

Dans aucun cas et dans aucun temps, le droit de parcours et celui de vaine pâture ne peuvent s'exercer sur les prairies artificielles, ni avoir lieu sur aucune terre ensemencée ou couverte de quelque production que ce soit, qu'après la récolte (L. 28 sept.-6 oct. 1791, titre Ier, section IV, art. 9).

Pour les prairies naturelles, là où la servitude existe, le parcours et la vaine pâture n'ont lieu que dans les temps autorisés par les lois et coutumes, et jamais tant que la première herbe n'est pas récoltée (*Id.*, art. 10).

Il existe encore une prohibition absolue de parcours et de vaine pâture dans les vignes, oseraies, dans les plants de câpriers, dans ceux d'oliviers, de mûriers, de grenadiers, d'orangers et arbres du même genre; dans tous les plants ou pépinières d'arbres fruitiers ou autres faits de main d'homme. La contravention à cette disposition est punie d'une amende de 11 fr. à 15 fr. (C. pén., art. 479, n° 10).

Les habitants qui jouissent de la vaine pâture ne doivent en profiter que pour les bestiaux attachés à leur culture ou qu'ils tiennent à cheptel, et ne peuvent y envoyer le bétail destiné au commerce.

La quantité du bétail, proportionnellement à l'étendue du terrain, est fixée, dans chaque commune, à tant de bêtes par hectare d'après les règlements et usages locaux; et, à défaut de documents positifs à cet égard, il y est pourvu par le conseil municipal de la commune (L. 28 sept.-6 oct. 1791, titre Ier, section IV, n° 13).

Le droit qui est dévolu au conseil municipal de fixer par des délibérations le nombre des têtes de bétail par hectare qui seront envoyés à la vaine pâture comprend, comme conséquence nécessaire, le droit de cantonner les diverses natures de bétail sur les diverses parties du territoire, et les animaux de chaque habitant sur telles ou telles propriétés (Cass., 14 nov. 1834); d'interdire le parcours à certaines espèces de bétail, telles que porcs, chèvres, oies; de le prohiber pendant quelques jours, après les dégels te les grandes pluies, etc.

Celui qui enverrait au parcours un plus grand nombre ou une autre espèce de bestiaux que ceux qui seraient fixés, ou qui les enverrait dans une autre partie du territoire que celle qui lui serait assignée, commettrait une contravention.

Quand il n'existe dans une commune ni usage local, ni délibération du conseil municipal pour fixer le nombre des bestiaux qu'il est permis d'envoyer à la vaine pâture, les habitants peuvent en envoyer tel nombre qu'il leur convient.

Instruments d'agriculture.

Quiconque vole ou tente de voler, dans les champs, des instruments d'agriculture, est puni d'un emprisonnement d'un an au moins et de cinq ans au plus, et d'une amende de 16 fr. à 500 fr. (C. pén., art 388).

Toute rupture, toute destruction d'instruments d'agriculture, de parcs de bestiaux, de cabanes de gardiens, est punie d'un emprisonnement d'un mois au moins, d'un an au plus, et, en outre, d'une amende qui ne peut excéder le quart des restitutions et dommages-intérêts, ni être au-dessous de 16 fr. (C. pén., art. 451, 455). Ce délit existe, que la destruction soit complète ou non, et quel que soit le moyen employé à cet effet.

Conservation des bornes et limites.

Quiconque a déplacé ou supprimé des bornes ou pieds corniers, ou autres arbres plantés ou reconnus pour établir des limites entre différents héritages, est puni d'un emprisonnement qui ne peut être au-dessous d'un mois ni excéder une année, et d'une amende égale au quart des restitutions et des dommages-intérêts qui, dans aucun cas, ne peut être au-dessous de 50 fr. (C. pén., art. 456).

Coutres de charrue et autres instruments.

Sont punis d'une amende de 1 fr. à 5 fr. ceux qui ont laissé dans les rues, chemins, places, lieux publics, ou dans les champs, des coutres de charrue, pinces, barres, barreaux ou autres machines, ou instruments, ou armes, dont puissent abuser les voleurs et autres malfaiteurs (C. pén., art. 471, n° 7). Les gardes champêtres constatent les contraventions de ce genre commises dans les champs et sur les chemins et routes dans la traverse des campagnes, et ils signalent au maire celles qui sont commises dans les rues, places et lieux publics.

Les fermiers, laboureurs et cultivateurs sont tenus de faire mettre leurs noms sur les coutres de leurs charrues. Ces noms doivent être empreints dans la partie supérieure et de manière à ce qu'ils ne puissent être effacés. Il leur est enjoint d'enlever, tous les soirs, après leur travail, les coutres des charrues et de les transporter à leur domicile. Les coutres qui sont trouvés dans les champs doivent être enlevés et déposés chez l'autorité chargée de la police (Ord. 18 nov. 1814).

Conservation des bestiaux.

Mauvais traitements. — Sont punis d'une amende de 5 fr. à 15 fr., et peuvent l'être d'un à cinq jours de prison, ceux qui exercent *publiquement* et *abusivement* de mauvais traitements envers les animaux domestiques. La peine de la prison est toujours appliquée en cas de récidive (L. 2-9 juillet 1850).

Toute personne convaincue d'avoir, de dessein prémédité, sur le territoire d'autrui, blessé ou tué des bestiaux ou chiens de garde, est condamnée à une amende double de la somme du dédommagement. Le délinquant peut être détenu un mois, si l'animal n'a été que blessé, et six mois, si l'animal est mort de sa blessure ou en est resté estropié. La détention peut être double, si le délit a été commis la nuit, ou dans une étable ou dans un enclos rural (L. 28 sept.-6 oct. 1791, titre II, art. 30).

Empoisonnement. — Quiconque a empoisonné des chevaux ou autres bêtes de voiture, de monture ou de charge, des bestiaux à cornes, des moutons, chèvres ou porcs, ou des poissons dans les étangs, viviers ou réservoirs, est puni d'un emprisonnement d'un an à cinq ans et d'une amende de 16 fr. à 300 fr. Les coupables peuvent être mis, par l'arrêt ou le jugement, sous la surveillance de la haute police pendant deux ans au moins et cinq ans au plus (C. pén. art. 452). Cette disposition n'est pas applicable aux poissons des fleuves, rivières, ruisseaux, de même qu'il ne faudrait pas appliquer aux poissons captifs dont il s'agit ici la disposition qui défend de jeter dans les eaux des cours d'eau des drogues ou apprêts qui seraient de nature à enivrer le poisson ou à le détruire. — V. POLICE DE LA PÊCHE.

ANIMAUX TUÉS OU BLESSÉS. — Ceux qui, sans nécessité, ont tué l'un des animaux mentionnés au précédent article, sont punis ainsi qu'il suit : Si le délit a été commis dans les bâtiments, enclos et dépendances, ou sur les terres dont le maître de l'animal tué était propriétaire, locataire, colon ou fermier, la peine est un emprisonnement de deux mois à six mois ; s'il a été commis dans les lieux dont le coupable était propriétaire, locataire, colon ou fermier, l'emprisonnement est de six jours à un mois ; s'il a été commis dans tout autre lieu, l'emprisonnement est de quinze jours à six semaines. Le maximum de la peine et toujours prononcé en cas de violation de clôture (*Id.*, art. 453).

Sont punis d'une amende de 11 fr. à 15 fr. inclusivement, ceux qui ont occasionné la mort ou la blessure des animaux ou bestiaux appartenant à autrui, par l'effet de la divagation de fous furieux ou d'animaux malfaisants ou féroces, ou par la rapidité ou la mauvaise direction ou le chargement excessif des voitures, chevaux, bêtes de trait, de charge ou de monture ; ceux qui ont occasionné les mêmes dommages par l'emploi ou l'usage d'armes, sans précaution ou avec maladresse, ou par jet de pierres ou d'autres corps durs ; ceux qui ont causé les mêmes accidents par la vétusté, la dégradation, le défaut de réparation ou d'entretien des maisons ou édifices, ou par l'encombrement ou l'excavation ou telles autres œuvres, dans ou près des rues, chemins, places ou voies publiques, sans les précautions ou signaux ordonnés ou d'usage (C. pén., art. 479, n° 2, 3 et 4).

La peine d'emprisonnement pendant cinq jours au plus peut être prononcée contre ceux qui ont occasionné la mort ou la blessure des animaux ou bestiaux appartenant à autrui par l'emploi ou l'usage d'armes sans précaution ou avec maladresse, ou par jet de pierres ou d'autres corps durs (*Id.* art. 480).

Vol d'animaux. — Quiconque vole ou tente de voler, dans les champs, des chevaux ou bêtes de charge, de voiture ou de monture, gros et menus bestiaux, est puni d'un emprisonnement d'un an au moins et de cinq ans au plus et d'une amende de 16 fr. à 500 fr. (*Id.* art. 388).

Le vol de ruches d'abeilles que son propriétaire a suivies sans les perdre de vue, est puni d'un emprisonnement de trois mois à cinq ans, lorsque le délit a eu lieu le jour, et de six mois à deux ans, lorsque le fait a eu lieu la nuit.

Celui qui tue et s'approprie des pigeons d'autrui dans tout autre temps que celui pendant lequel un arrêté du maire ordonne la fermeture des colombiers, commet le délit de soustraction frauduleuse et est puni d'un emprisonnement d'un an au moins et de cinq ans au plus, et peut même l'être d'une amende de 16 fr. au moins et de 500 fr. au plus (C. pén., art. 379 et 401 ; Cass., 23 sept. 1823).

Le voyageur qui, par la rapidité de sa voiture ou de

sa monture, tue ou blesse des bestiaux sur les chemins, est condamné à une amende égale à la somme du dédommagement dû au propriétaire des bestiaux (L. 28 sept.-6 oct. 1791, titre II, art. 142).

GARDE DES TROUPEAUX. — Nul agent de l'agriculture, employé, avec des bestiaux, au labourage ou à quelque travail que ce soit, ou occupé à la garde des troupeaux, ne peut être arrêté, sinon pour crime, avant qu'il ait été pourvu à la sûreté des animaux, et en cas de poursuite criminelle, il doit également y être pourvu immédiatement après l'arrestation, et sous la responsabilité de ceux qui l'ont exercée (*Id.*, titre Ier, section III, art. 1er).

ÉPIZOOTIE. — Tout détenteur ou gardien d'animaux ou de bestiaux soupçonnés d'être infectés de maladies contagieuses, qui n'a pas averti sur-le-champ le maire de la commune où ils se trouvent, et qui, même avant que le maire ait répondu à l'avertissement, ne les a pas tenus renfermés, est puni d'un emprisonnement de six jours à deux mois, et d'une amende de 16 francs à 200 francs (C. pén., art. 459). Celui qui vend un animal atteint ou soupçonné d'une maladie contagieuse doit être puni de la peine ci-dessus (Cass., 17 juin 1847).

Sont punis d'un emprisonnement de deux mois à six mois, et d'une amende de 100 francs à 500 francs, ceux qui, au mépris des défenses de l'administration, ont laissé leurs animaux ou bestiaux infectés communiquer avec d'autres. Si même de cette communication il est résulté une contagion parmi les autres animaux, ceux qui ont contrevenu aux défenses de l'autorité administrative sont punis d'un emprisonnement de deux ans à cinq ans, et d'une amende de 100 francs à 1,000 francs, le tout sans préjudice de l'exécution des lois et règlements relatifs aux maladies épizootiques, et de l'application des peines y portées (C. pén., art. 460, 461).

Un troupeau atteint de maladies contagieuses qui est rencontré au pâturage, sur les terres du parcours ou de la vaine pâture autres que celles qui ont été désignées pour lui seul, peut être saisi par les gardes champêtres et même par toutes personnes; il est ensuite mené au lieu de dépôt qui est indiqué à cet effet par la municipalité. Le maître de ce troupeau est condamné à une amende de la valeur d'une journée de travail par tête de bête à laine, et une amende triple par tête d'autre bétail; il peut, en outre, suivant la gravité des circonstances, être responsable du dommage que son troupeau aurait occasionné, sans que cette responsabilité puisse s'étendre au delà des limites de la municipalité. A plus forte raison, cette amende et cette responsabilité ont lieu, si ce troupeau a été saisi sur les terres qui ne sont point sujettes au parcours et à la vaine pâture (L. 28 sept.-6 oct. 1791, titre II, art. 23).

Les bestiaux morts doivent être enfouis, dans la journée, à $1^{m},33$ de profondeur par le propriétaire et dans son terrain, ou voiturés à l'endroit désigné par la municipalité, pour y être également enfouis, sous peine par le délinquant de payer une amende de la valeur d'une journée de travail et les frais de transport et d'enfouissement (*Id.*, art. 13).

Il est ordonné de tenir dans les lieux infectés tous les chiens à l'attache, et de tuer tous ceux qu'on trouverait divaguant (Ord. 27 janv. 1825).

Sûreté des campagnes.

Divagation des chiens et autres animaux. — Ceux qui laissent divaguer des animaux malfaisants ou féroces sont passibles d'une amende de 6 fr. à 10 fr. Si la divagation a causé la mort ou la blessure des animaux ou bestiaux appartenant à autrui, l'amende est de 11 fr. à 15 fr. (C. pén., art. 475, n° 7, et art. 479, n° 2).

Aux époques où la rage se manifeste le plus fréquemment chez les animaux, le maire peut défendre la divagation des chiens, etc. ; il peut aussi défendre l'abandon et la divagation, dans les champs, des chevaux entiers et des taureaux sans entraves ou sans billots, comme aussi l'abandon et la divagation des porcs, etc.

Chemins ruraux. — Les maires peuvent prendre des arrêtés pour faire cesser toute anticipation, tout obstacle qui peut rétrécir la largeur d'un chemin rural et diminuer les facilités du passage. Il peut prescrire aux riverains l'élagage des branches d'arbres ou de haies qui, s'avançant au-dessus de ces chemins, mettent obstacle au libre passage des voitures. Il peut faire, en outre, exécuter le recépage des racines qui pénètrent sur la voie.

Décombres. — Sont punis de 1 franc à 5 francs d'amende ceux qui ont embarrassé la voie publique en y déposant ou y laissant, sans nécessité, des matériaux ou des choses quelconques qui empêchent ou diminuent la liberté ou la sûreté du passage ; ceux qui, en contravention aux lois et règlements, ont négligé d'éclairer les matériaux par eux entreposés, ou les excavations par eux faites dans les rues et places (C. pén., art. 471, n° 4).

Les contraventions à ces dispositions, commises sur les

chemins sont constatées par les gardes champêtres, et celles commises sur la voie publique, dans les rues et places, sont dénoncées au maire.

FEU DANS LES CHAMPS. — Toute personne qui a allumé du feu dans les champs plus près que 50 mètres des maisons, bois, bruyères, vergers, haies, meules de grains, de paille ou de foin, est condamné à une amende égale à la valeur de douze journées de travail, et paye en outre le dommage que le feu aurait occasionné. Le délinquant peut, de plus, suivant les circonstances, être condamné à la détention municipale (L. 28 sept.-6 oct. 1791, tit. II, art. 10).

FEU DANS LES GRANGES ET ÉCURIES. —Les maires peuvent prendre des arrêtés pour défendre aux palefreniers, cochers, garçons de ferme, laboureurs et tous autres qui ont l'habitude d'entrer la nuit dans les écuries, d'y pénétrer à ce moment, à moins d'avoir des lanternes closes, et même d'entrer en tout temps dans les lieux où se trouvent des pailles et des fourrages avec des pipes allumées. Les gardes champêtres doivent veiller à l'exécution de ces arrêtés et dénoncer au maire toutes les contraventions qui parviennent à leur connaissance, mais ils n'ont pas qualité pour les constater par des procès-verbaux.

Salubrité des campagnes.

ABREUVOIRS RURAUX ET FONTAINES PUBLIQUES. — Les maires peuvent défendre, par des arrêtés, de laver du linge, du fil, des herbages et autres objets dans les bassins des fontaines publiques, de rincer des tonneaux et autres vases, d'y mener boire des chevaux et bestiaux.

Ils peuvent également défendre de conduire aux abreuvoirs publics ruraux plus de deux ou trois chevaux à la fois, sauf aux cochers et palefreniers de la poste qui peuvent en mener quatre ; d'y mener des chevaux ou autres bestiaux pendant la nuit, d'y laver du linge, d'y jeter des ordures ou immondices, d'y conduire des animaux atteints de maladies contagieuses ; exiger qu'aucune femme n'y conduise des chevaux et bestiaux, et que les hommes chargés de ce soin aient au moins 18 ans. (Déclaration du Roi, 28 avril 1782 ; Cass., 8 sept. 1809, et 26 mai 1812).

Les gardes champêtres ont qualité pour constater les contraventions à ces règlements.

Rouissage du chanvre et du lin.—Les maires ont également le droit de déterminer les endroits les plus convenables pour le rouissage du chanvre et du lin ; ils peuvent faire supprimer et combler tout routoir qui ne serait pas à une distance de 100 mètres au moins de toute habitation, route, ou chemin (Cass., 5 fév. 1847).

Les gardes champêtres ont qualité pour constater les contraventions à ces arrêtés, à moins que ces contraventions soient commises dans l'enceinte des habitations ou dans les clos et jardins y attenant.

CHAPITRE IV

POLICE DE LA CHASSE

Nul ne peut chasser, *sauf les exceptions ci-après*, si la *chasse* n'est pas *ouverte*, et s'il ne lui a pas été délivré *un permis de chasse* par l'autorité compétente. — Nul n'a la faculté de chasser sur la propriété d'autrui sans le consentement du propriétaire ou de ses ayants droit (L. 3-4 mai 1844, art. 1er).

Le permis est nécessaire non-seulement pour la chasse au fusil, mais pour tous moyens, instruments ou engins employés pour chasser toute espèce de gibier. — Cette règle ne s'applique pas cependant aux simples *auxiliaires* des chasses, soit ordinaires, soit à l'aide des procédés dûment autorisés, qui exigent le concours de plusieurs personnes ; mais ces auxiliaires ne doivent pas être porteurs d'armes à feu (Circ. min. int., 22 juillet 1851).

Le propriétaire ou possesseur peut chasser ou faire chasser en tout temps, *sans permis de chasse*, dans ses possessions *attenant à une habitation* et entourées *d'une clôture continue faisant obstacle à toute communication avec les héritages voisins* (L. du 3-4 mai 1844, art. 2).

Les préfets déterminent, par des arrêtés publiés au moins 10 jours à l'avance, l'époque de l'ouverture et celle de la clôture de la chasse dans chaque département (*Id.*, art. 3).

Dans chaque département, il est interdit de mettre en vente, de vendre, d'acheter, de transporter et de colporter du gibier pendant le temps où la chasse n'y est pas permise. — En cas d'infraction à cette disposition, le gibier doit être saisi et immédiatement livré à l'établissement de bienfaisance le plus voisin, en vertu soit d'une ordonnance du juge de paix, si la saisie a eu lieu au chef-lieu de canton, soit d'une autorisation du maire, si le juge de paix est absent, ou si la saisie a été faite dans une commune autre que celle du chef-lieu. Cette ordonnance ou cette autorisation est délivrée sur la requête des agents ou gardes qui ont opéré la saisie, et sur la présentation du procès-verbal régulièrement dressé. — La recherche du gibier ne peut être faite à domicile que chez les aubergistes, chez les marchands de comestibles et dans les lieux ouverts au public. Il est interdit de prendre ou de détruire, sur le terrain d'autrui, des œufs et des couvées de faisans, de perdrix et de cailles (*Id.*, art. 4).

La vente, le transport et le colportage des oiseaux de passage et du gibier d'eau sont licites pendant tout le temps qu'il est permis de les tirer, alors même que la chasse ordinaire serait close.

Quoique, rigoureusement, le colportage du gibier doive cesser le lendemain même de la clôture de la chasse, l'administration peut accorder une tolérance d'un ou deux jours pour faciliter l'écoulement du gibier tué en temps permis.

Les animaux détruits dans une battue régulièrement ordonnée par un arrêté préfectoral, ne peuvent être vendus, ni colportés après la clôture de la chasse. Ceux de ces animaux qui ont le caractère de gibier ne peuvent être consommés que sur place par les personnes qui ont pris part à la battue.

Les permis de chasse sont délivrés, sur l'avis du maire et du sous-préfet, par le préfet du département dans lequel celui qui en fait la demande a sa résidence ou son domicile. — La délivrance des permis de chasse donne lieu au payement d'un droit de 15 francs au profit de l'État, et de 10 francs au profit de la commune dont le maire a donné l'avis. — Les permis de chasse sont personnels ; ils sont valables pour tout l'Empire et pour un an seulement (*Id.*, art. 5).

Les agents chargés de constater les délits de chasse ne doivent point se contenter de l'exhibition par le chasseur de la quittance du prix du permis délivré par le percepteur.

L'avis de la délivrance du permis ne saurait non plus être considéré comme le permis lui-même (Circ. min. int., 22 juillet 1851).

Dans le temps où la chasse est ouverte, le permis donne, à celui qui l'a obtenu, le droit de chasser de jour, à tir et à courre, sur ses propres terres, et sur les terres d'autrui avec le consentement de celui à qui le droit de chasse appartient. — Tous autres moyens de chasse, à l'exception des furets et des bourses destinées à prendre le lapin, sont formellement prohibés. Néanmoins, les préfets des départements, sur l'avis des conseils généraux, prennent des arrêtés pour déterminer : 1° l'époque de la chasse des oiseaux de passage autres que la caille, et les modes et procédés de cette chasse ; 2° le temps pendant lequel il est permis de chasser le gibier d'eau dans les marais, sur les étangs, fleuves et rivières ; 3° les espèces d'animaux malfaisants ou nuisibles, que le propriétaire, possesseur ou fermier peut, en tout temps, détruire sur ses terres et les conditions de l'exercice de ce droit, sans préjudice du droit appartenant au propriétaire ou au fermier de repousser ou de détruire, même avec des armes à feu, les bêtes fauves qui porteraient dommage à ses propriétés. Ils peuvent prendre également des arrêtés : 1° pour prévenir la destruction des oiseaux ; 2° pour autoriser l'emploi des chiens lévriers pour la destruction des animaux malfaisants ou nuisibles ; 3° pour interdire la chasse pendant les temps de neige (*Id.*, art. 9).

Les délits prévus par la loi sont prouvés, soit par des procès-verbaux ou rapports, soit par témoins, à défaut de rapports et procès-verbaux à leur appui (*Id.*, art, 21). Les procès-verbaux des maires et adjoints, commissaires de police, officier, maréchal des logis ou brigadier de gendarmerie, gendarmes, gardes forestiers, gardes-pêche, gardes champêtres, gardes assermentés des particuliers, font foi jusqu'à preuve du contraire (*Id.*, art. 22).

Les délinquants ne peuvent être saisis ni désarmés; néanmoins, s'ils sont déguisés ou masqués, s'ils refusent de faire connaître leurs noms, ou s'ils n'ont pas de domicile connu, ils sont conduits immédiatement devant le maire ou le juge de paix, lesquels s'assurent de leur individualité (*Id.*, art. 25).

CHAPITRE V

POLICE DE LA PÊCHE

La surveillance, la police et l'exploitation de la pêche dans les fleuves, rivières et canaux navigables et flottables, non compris dans les limites de la pêche maritime, ainsi que la surveillance et la police dans les canaux, rivières, ruisseaux et cours d'eau quelconques, non navigables ni flottables, sont placées dans les attributions du ministre de l'agriculture, du commerce et des travaux publics, et confiées à l'administration des ponts et chaussées (Déc. 29 avril 1862).

Le droit de pêche est exercé au profit de l'État : 1° dans tous les fleuves, rivières, canaux et contre-fossés navigables ou flottables avec bateaux, trains ou radeaux, et dont l'entretien est à la charge de l'État ou de ses ayants cause ; 2° dans les bras, noues, boires et fossés qui tirent leurs eaux des fleuves et rivières navigables ou flottables, dans lesquels on peut en tout temps passer ou pénétrer librement en bateau de pêcheur, et dont l'entretien est également à la charge de l'État. — Sont toutefois exceptés les canaux et fossés existants ou qui seraient creusés dans les propriétés particulières et entretenus aux frais des propriétaires (L. 15-24 avril 1829, art. 1er).

Tout individu qui se livre à la pêche sur les fleuves et

rivières navigables ou flottables, canaux, ruisseaux ou cours d'eau quelconques, sans la permission de celui à qui la pêche appartient, est condamné à une amende de 20 francs au moins et de 100 francs au plus, indépendamment des dommages-intérêts. Il y a lieu en outre à la restitution du prix du poisson pêché en délit, et la confiscation des filets, engins de pêche, peut être prononcée. Néanmoins, il est permis à tout individu de pêcher à la ligne flottante tenue à la main, dans les fleuves, rivières ou canaux désignés dans les deux premiers paragraphes de l'article 1er ci-dessus, le temps du frai excepté.

Les propriétaires riverains ont seuls la faculté de pêcher dans toutes rivières ou canaux non navigables ni flottables, et qui sont contiguës et correspondants à leur propriété (*Id.*, art. 2).

Nul ne peut exercer le droit de pêche dans les fleuves et rivières navigables ou flottables, les canaux, ruisseaux ou cours d'eau quelconques, qu'en se conformant aux dispositions suivantes (*Id.*, art. 23).

Il est interdit de placer dans les rivières navigables ou flottables, canaux et ruisseaux, aucun barrage, appareil ou établissement quelconque de pêcherie ayant pour objet d'empêcher entièrement le passage du poisson. Les contrevenants sont condamnés à une amende de 50 francs à 500 francs, et en outre aux dommages-intérêts, et les appareils ou établissements de pêche sont détruits et saisis (*Id.*, art. 24).

Quiconque a jeté dans les eaux des drogues ou appâts qui sont de nature à enivrer le poisson ou à le détruire, est puni d'une amende de 30 francs à 300 francs, et d'un emprisonnement d'un mois à trois mois (*Id.*, art. 25).

Dans chaque département, le préfet détermine, sur l'avis du conseil général, et après avoir consulté les agents des ponts et chaussées, les temps, saisons et heures pendant lesquels la pêche sera interdite dans les rivières et cours d'eau (Ord. 15-19 nov. 1830, art. 5).

Il fait également un règlement dans lequel il détermine et divise les filets et engins qui doivent être interdits (*Id.*, art. 6).

Sur l'avis du conseil général, et après avoir consulté les ingénieurs des ponts et chaussées, il peut prohiber les procédés et modes de pêche qui lui sembleraient de nature à nuire au repeuplement des rivières (*Id.*, art. 7).

Quiconque se livre à la pêche pendant les temps, saisons et heures prohibés par les règlements, est puni d'une amende de 30 francs à 200 francs (*Id.*, art. 27).

Une amende de 30 francs à 100 francs est prononcée contre ceux qui font usage, en quelque temps et en quelque fleuve, rivière, canal ou ruisseau que ce soit, de l'un des procédés ou modes de pêche, ou de l'un des instruments ou engins de pêche prohibés par les règlements. — Si le délit a eu lieu pendant le temps du frai, l'amende est de 60 francs à 200 francs (*Id.*, art. 28).

Les mêmes peines sont prononcées contre ceux qui se servent, pour une autre pêche, de filets permis seulement pour celle du poisson de petite espèce. — Ceux qui sont trouvés porteurs ou munis, hors de leurs domicile, d'engins ou instruments de pêche prohibés, peuvent être condamnés à une amende qui n'exède pas 20 fr. et à la confiscation des engins ou instruments de pêche, à moins que ces engins ou instruments ne soient destinés à la pêche dans des étangs ou réservoirs (*Id.*, art. 29).

Sont prohibés, sous les peines portées par l'art. 28 ci-dessus rappelé : 1° les filets traînants ; 2° les filets dont les mailles carrées, sans accrues et non tendues ni tirées en losanges, auraient moins de 30 millimètres (14 lignes) de chaque côté, après que le filet aura séjourné dans l'eau; 3° les bires, nasses ou autres engins dont les verges en osier seraient écartées entre elles de moins de 30 millimètres (Ord. 15-19 nov. 1830, art. 1).

Sont néanmoins autorisés pour la pêche des goujons, loches, vérons, vendoises et autres poissons de petite espèce, les filets dont les mailles ont 15 millimètres (7 lig.) de largeur, et les nasses d'osier ou autres engins dont les baguettes ou verges sont écartées de 15 millimètres. Les pêcheurs ont aussi la faculté de se servir de toute espèce de nasses en jonc à jour, quel que soit l'écartement de leurs verges (*Id.*, art. 2).

En ce qui concerne la pêche des ablettes, la largeur des mailles de filets et l'écartement des baguettes ou verges des nasses d'osier ou autres engins employés à cette pêche peuvent être réduits à 8 millimètres. Les préfets, dans chaque département, déterminent dans quels lieux et à quelles conditions ce mode spécial de pêche peut être pratiqué (Ord. 28 fév. et 15 mars 1830, art. 1 et 2).

Quiconque pêche, colporte ou débite des poissons qui n'ont point les dimensions déterminées par les règlements, est puni d'une amende de 20 à 50 fr., et de la confiscation desdits poissons. Sont néanmoins exceptés de cette disposition, les ventes de poissons provenant des étangs ou réservoirs. — Sont considérés comme des étangs ou réservoirs les fossés et canaux appartenant à des particuliers dès que leurs eaux cessent naturellement de communiquer avec les rivières (Ord. art. 10).

La même peine est prononcée contre les pêcheurs qui appâtent leurs hameçons, nasses, filets ou autres engins avec des poissons des espèces prohibées par les ordonnances (*Id.*, art. 31).

Les fermiers de la pêche et porteurs de licence, leurs associés, compagnons et gens à gages, ne peuvent faire usage d'aucun filet ou engin quelconque qu'après qu'il a été plombé ou marqué par les agents de l'administration de la police de la pêche. Les délinquants sont punis d'une amende de 20 francs pour chaque filet ou engin non plombé ou marqué (*Id.*, art. 32).

Les contre-maîtres, les employés du balisage et les mariniers qui fréquentent les fleuves, rivières et canaux navigables et flottables, ne peuvent avoir, dans leurs bateaux ou équipages, aucun filet ou engin de pêche, même non prohibé, sous peine d'une amende de 50 fr., et de la confiscation des filets. A cet effet, ils sont tenus de souffrir la visite, sur leurs bateaux ou équipages, des agents chargés de la police de la pêche aux lieux où ils abordent. La même amende est prononcée contre ceux qui s'opposent à cette visite (*Id.*, art. 33).

Les fermiers de la pêche et les porteurs de licence et tous pêcheurs en général, dans les rivières et canaux désignés dans les deux premiers paragraphes de l'article 1er de la loi du 15-24 avril 1829, ci-dessus rappelé, sont tenus d'amener leurs bateaux et de faire l'ouverture de leurs loges et hangars, bannetons, huches et autres réservoirs ou boutiques à poisson, sur leurs cantonnements, à toute réquisition des agents et préposés de l'administration de la pêche.

à l'effet de constater les contraventions qui pourraient être par eux commises aux dispositions de la présente loi. — Ceux qui s'opposeraient à la visite ou refuseraient l'ouverture de leurs boutiques à poisson, seraient, pour ce seul fait, punis d'une amende de 50 fr.

Les fermiers et porteurs de licence ne peuvent user, sur les fleuves, rivières et canaux navigables, que du chemin de halage; sur les rivières et cours d'eau flottables, que du marchepied. Ils doivent traiter de gré à gré avec les propriétaires riverains pour l'usage des terrains dont ils auront besoin pour retirer et assurer leurs filets (*Id.*, art. 35).

Le gouvernement exerce la surveillance et la police de la pêche dans l'intérêt général. En conséquence, les agents spéciaux par lui institués à cet effet, ainsi que les gardes champêtres, éclusiers des canaux et autres officiers de police judiciaire, sont tenus de constater les délits ci-dessus spécifiés, en quelques lieux qu'ils soient commis; et lesdits agents spéciaux exercent, conjointement avec les officiers du ministère public, toutes les poursuites et actions en réparation de ces délits.

CHAPITRE VI

POLICE DU ROULAGE

Dispositions applicables à toutes les voitures.

Conditions de la circulation des voitures. — Les voitures suspendues ou non suspendues, servant au transport des personnes ou des marchandises, peuvent circuler sur les routes impériales, départementales et chemins vicinaux de grande communication, sans aucune condition de réglementation de poids ou de largeur de jantes (L. 30 mai 1851, art. 1er).

Forme des essieux et roues. — Les essieux des voitures ne peuvent avoir plus de 2m 50 de longueur ni dépasser, à leurs extrémités, le moyeu de plus de 0m 06. La saillie des moyeux, compris celle de l'essieu, ne doit pas excéder plus de 0m 12, le plan passant par le bord extérieur des bandes. Il est accordé une tolérance de 0m 02 sur cette saillie, pour les roues qui ont déjà fait un certain service (Décr. 10 août 1852, art. 1er).

Il est expressément défendu d'employer des clous à tête de diamant. Tout clou de bande doit être rivé à plat et ne peut, lorsqu'il est posé à neuf, former une saillie de plus de 0m 05 (*Id.*, art. 2).

Limitation de nombre de chevaux. — Il ne peut être attelé : 1o aux voitures servant au transport des marchandises, plus de cinq chevaux si elles sont à deux roues, plus de huit si elles sont à quatre roues, sans qu'il puisse y avoir plus de cinq chevaux de file ; 2° aux voitures servant au transport des personnes, plus de trois chevaux ; si elles sont à deux roues, plus de six si elles sont à quatre roues (*Id.*, art. 3) ; 3° lorsqu'il y a lieu de transporter des blocs de pierre, des locomotives ou d'autres objets d'un poids considérable, l'emploi d'un attelage exceptionnel peut être autorisé, sur l'avis des ingénieurs ou des agents voyers, par les préfets des départements traversés (*Id.*, art. 4).

Chevaux de renfort. — Les prescriptions de l'article 3 ne sont pas applicables sur les parties de routes ou de chemins vicinaux de grande communication affectées de rampes d'une déclivité ou d'une largeur exceptionnelle. Les limites de ces parties de routes ou de chemins sur lesquelles l'emploi de chevaux de renfort est autorisé sont déterminées, par un arrêté du préfet, sur la proposition du l'ingénieur en chef ou de l'agent voyer en chef du département, et indiquées sur place par des poteaux portant cette inscription : *Chevaux de renfort.*

Pour les voitures marchant avec relais réguliers et servant au transport des personnes et des marchandises, la faculté d'atteler des chevaux de renfort s'étend à toute la longueur des relais dans lesquels sont placés les poteaux.

L'emploi des chevaux de renfort peut être autorisé temporairement sur les parties de routes ou de chemins de grande communication, lorsque, par suite de travaux de réparation ou d'autres circonstances accidentelles, cette mesure est nécessaire. Dans ce cas, le préfet fait placer des poteaux provisoires (*Id.*, art. 5).

Exceptions a la limitation du nombre de chevaux.—

En temps de neige ou de verglas, les prescriptions relatives à la limitation du nombre de chevaux demeurent suspendues.

Barrières de dégel. — Le ministre des travaux publics détermine les départements dans lesquels il peut être établi, sur les routes impériales et départementales, des barrières pour restreindre la circulation pendant le temps de dégel. — Les préfets, dans chaque département, déterminent les chemins de grande communication sur lesquels ces barrières peuvent être établies.

Ces barrières sont fermées et ouvertes en vertu d'arrêtés du sous-préfet, pris sur l'avis de l'ingénieur d'arrondissement ou de l'agent voyer. Ces arrêtés sont affichés et publiés à la diligence des maires.

Dès que la fermeture des barrières a été ordonnée, aucune voiture ne peut sortir de la ville, du bourg ou du village dans lequel elle se trouve. Toutefois, les voitures qui sont déjà en marche peuvent continuer leur route jusqu'au gîte le plus voisin, où elles sont tenues de rester jusqu'à l'ouverture des barrières. Pour n'être point inquiétés dans leur trajet, les propriétaires ou conducteurs de ces voitures doivent prendre un laisser-passer du maire.

Le jour de l'ouverture des barrières et le lendemain, les voitures ne peuvent partir du lieu où elles ont été retenues que deux à la fois, et à un quart d'heure d'intervalle. Le maire ou son délégué préside au départ, qui a lieu dans l'ordre suivant lequel les voitures se sont fait inscrire à leur arrivée dans la commune. Le service des barrières est fait par des agents désignés à cet effet par les ingénieurs et les agents voyers.

Toute voiture prise en contravention aux dispositions du

présent article est arrêtée et les chevaux sont mis en fourrière dans l'auberge la plus rapprochée, le tout sans préjudice d'une amende de 5 à 30 francs et des frais de réparation de la route (*Id.*, art. 6).

Il n'appartient qu'aux préfets de prescrire l'apposition immédiate des barrières de dégel sur les chemins vicinaux de la commune. Un maire n'aurait ce pouvoir qu'en vertu d'une délégation du préfet (Cass., 4 juillet 1857).

Peuvent circuler pendant la fermeture des barrières de dégel : 1° les courriers de la malle; 2° les voitures de voyage suspendues, étrangères à toute entreprise publique de messageries ; 3° les voitures non chargées (*Id.*, art. 7); 4° les voitures chargées dont l'attelage n'excède pas le nombre de chevaux qui est fixé par le préfet, à raison du climat, du mode de construction et de l'état des chaussées, de la nature du sol et des autres circonstances locales. Les arrêtés pris par le préfet, en vertu du paragraphe précédent, sont soumis, avant leur mise à exécution, à l'approbation du ministre de l'agriculture, du commerce et des travaux publics (Décr. 24 février 1858, art. 1er).

Traversée des ponts suspendus.—Pendant la traversée des ponts suspendus, les chevaux sont mis au pas; les voituriers et rouliers tiennent les guides ou le cordeau; les conducteurs ou postillons restent sur leurs sièges.

Défense est faite aux rouliers et aux autres voituriers de dételer aucun de leurs chevaux pour le passage du pont.

Toute voiture attelée de plus de cinq chevaux ne doit pas s'engager sur le tablier d'une trouée, quand il y a déjà sur cette trouée une voiture d'un attelage supérieur à ce nombre de chevaux.

Pour les ponts suspendus qui n'offriraient pas toutes les

garanties nécessaires pour le passage des voitures lourdement chargées, il peut être adopté, par le ministre des travaux publics ou par le ministre de l'intérieur, chacun en ce qui les concerne, telles autres dispositions qui sont jugées nécessaires.

Dans des circonstances urgentes, les préfets et les maires peuvent prendre telles autres mesures que leur paraît commander la sûreté publique, sauf à en rendre compte à l'administration supérieure. Les mesures prescrites pour la protection des ponts suspendus sont, dans tous les cas, placardées à l'entrée et à la sortie des ponts (L. 30 mai 1851, art, 10).

Ordre de marche.— Tout roulier ou conducteur de voitures doit se ranger à la droite, à l'approche de toute autre voiture, de manière à lui laisser libre au moins la moitié de la chaussée (*Id.*, art. 9).

Stationnement des voitures sur la voie publique.— Il est interdit de laisser stationner sans nécessité sur la voie publique aucune voiture attelée ou non attelée. (*Id.*, art. 6).

Dispositions applicables aux voitures ne servant pas au transport des personnes.

Largeur des chargements.—La largeur du chargement des voitures qui ne servent pas au transport des personnes ne peut excéder 2m 50. Toutefois, les préfets des départements traversés peuvent délivrer des permis de circulation pour les objets d'un grand volume qui ne seraient pas susceptibles d'être chargés dans ces conditions.

Voitures d'agriculture.— Sont affranchies de toute réglementation de largeur de chargement les voitures d'agriculture, lorsqu'elles sont employées au transport des récoltes de la ferme aux champs et des champs à la ferme ou au marché (*Id.*, art. 11).

Largeur des colliers. — La largeur des colliers des chevaux ou autres bêtes de trait ne peut dépasser 0m 90 c., mesurés entre les points les plus saillants des pattes des attelles.

Conduite des voitures. — Lorque plusieurs voitures marchent à la suite les unes des autres, elles doivent être distribuées en convoi de quatre voitures aux plus ; si elles sont à quatre roues et attelées d'un seul cheval, de trois voitures au plus ; si elles sont à deux roues et attelées d'un seul cheval, et de deux voitures au plus, si l'une d'elles est attelée de plus d'un cheval (*Id.*, art. 13).

Dans un convoi formé seulement de deux voitures, il n'est pas défendu que chacune d'elles ait plus d'un cheval (Cass., 21 juill. 1854).

Les préfets peuvent restreindre, lorsque la dimension des objets donne au convoi une longueur nuisible à la liberté ou à la sûreté de la circulation, le nombre des voitures dont l'article 13 ci-dessus permet la réunion en convoi. Leurs arrêtés sont affichés sur les parties de routes auxquelles ils s'appliquent (Décr. 24 février 1858, art. 3).

L'intervalle d'un convoi à un autre ne peut être moindre de cinquante mètres (Décr. 10 août 1852, art. 13).

Cette disposition s'applique aussi bien aux voitures voyageant isolément qu'aux voitures voyageant en convoi, pourvu qu'elles marchent à la suite des unes les autres, et il en résulte l'obligation pour chaque conducteur de se tenir à la distance de cinquante mètres, dès l'instant que les voitures qui précèdent la sienne forment le nombre nécessaire pour constituer un convoi (Cass., 12 mai 1854 et 7 juin 1855).

Tout voiturier ou conducteur doit se tenir constamment à portée de ses chevaux ou bêtes de trait, et en position de les garder (Décr. 10 août 1852, art. 14).

Il a été jugé qu'un voiturier monté sur le deuxième cheval attelé à sa voiture n'était pas à portée de régler et de guider les mouvements des deux autres chevaux qui composaient l'attelage, et qu'un voiturier ou conducteur n'est pas en position de guider ses chevaux s'il est constaté qu'il a été trouvé dormant sur sa voiture circulant sur une route impériale, lors même qu'il aurait les guides en main, et que dans ces deux cas il y avait contravention (Cass., 5 oct. 1854 ; 6 mars et 14 nov. 1856).

Chaque voiture attelée de plus d'un cheval doit avoir un conducteur. Toutefois, une voiture dont le cheval est attaché derrière une voiture à quatre chevaux au plus n'a pas besoin d'un conducteur particulier (Décr. 10 août 1852, art. 14).

Les règlements de police municipale déterminent, en ce qui concerne la traversée des villes, bourgs et villages, les restrictions qui peuvent être apportées aux dispositions des articles 13 et 14 ci-dessus (*Id.*, art. 14).

Eclairage. — Aucune voiture marchant isolément ou en tête d'un convoi ne peut circuler la nuit sans être pourvue d'un falot ou d'une lanterne allumée (*Idem*, art. 15). Cette disposition est applicable aux voitures des commerçants destinées habituellement au transport des marchandises (Cass., 20 août 1853 et 20 avril 1854).

L'obligation de l'éclairage peut être appliquée aux voitures d'agriculture par les arrêtés des préfets ou des maires

(Décr. du 15 août 1852, art. 15). Les préfets peuvent aussi l'appliquer par des arrêtés spéciaux aux voitures particulières servant au transport des personnes (Déc. 24 février 1858, art. 2.)

On entend par voitures d'agriculture, celles employées à la culture des terres, au transport des récoltes, à l'exploitation des fermes, qui se rendent de la ferme aux champs ou des champs à la ferme, et qui servent au transport des objets récoltés, du lieu où ils ont été recueillis, jusqu'à celui ou, pour les conserver ou les manipuler, le cultivateur les dépose ou les rassemble (Cass., 30 avril 1857.)

PLAQUE.—Tout propriétaire de voitures ne servant pas au transport des personnes, est tenu de faire placer en devant des roues ou au côté gauche de sa voiture, une plaque métallique portant en caractères apparents et lisibles, ayant au moins 0m 005 de hauteur, ses noms, prénoms et professions, le nom de la commune, du canton et du département de son domicile (Déc. 10 août 1852, art. 16).

L'obligation de la plaque, embrassant toute espèce de voies publiques, est en vigueur même pour les chemins vicinaux et rues ou places qui ne sont pas le prolongement des routes impériales, départementales ou vicinales de grande communication (Cass., 21 juin 1855, 19 mars et 9 mai 1856, 16 juill. 1857, 27 avril et 22 nov. 1860.)

Dispositions applicables aux voitures publiques.

MACHINE A ENRAYER.—Toute voiture publique doit être munie d'une machine à enrayer agissant sur les roues de derrière, et disposée de manière à être vue, pour être manœuvrée, de la place assignée au conducteur. Ces voitures doivent en outre être pourvues d'un sabot et d'une chaîne d'enrayage, que le conducteur place à chaque descente rapide. Les préfets peuvent dispenser de l'emploi de ces appareils les voitures qui parcourent uniquement des pays de plaine (Décr. 10 août 1852, art. 27).

Éclairage. — Pendant la nuit, les voitures publiques sont éclairées par une lanterne à réflecteur, placée à droite et à l'avant de la voiture (*Idem*, art. 28).

Plaque. — Chaque voiture porte à l'extérieur, dans un endroit apparent, indépendamment de l'estampille délivrée par l'administration des contributions indirectes, le nom et le domicile de l'entrepreneur, et l'indication du nombre des places de chaque compartiment (*Id.*, art. 29).

Elle porte, à l'intérieur des compartiments : 1° le numéro de chaque place ; 2° le prix de la place depuis le lieu de départ jusqu'à celui d'arrivée. L'entrepreneur ne peut admettre dans les compartiments de ces voitures un plus grand nombre de voyageurs que celui indiqué sur les panneaux (*Id.*, art. 30).

Feuilles de route. — Les conducteurs ne peuvent prendre en route aucun voyageur, ni recevoir aucun paquet sans en faire mention sur les feuilles de route qui leur ont été remises au point de départ (*Id.*, art. 32).

Conduite des voitures. — Toute voiture publique dont l'attelage ne présente de front que deux rangs de chevaux peut être conduite par un seul postillon ou cocher.— Elle doit être conduite par deux postillons, ou par un cocher et un postillon, lorsque l'attelage comporte plus de deux rangs de chevaux (*Id.*, art. 33).

Les postillons ou cochers ne peuvent, sous aucun prétexte, descendre de leurs chevaux ou de leurs siéges.

Il leur est enjoint d'observer, dans les traversées des

villes et des villages, les règlements de police concernant la circulation dans les rues.

Dans les haltes, le conducteur et le postillon ne peuvent quitter en même temps la voiture tant qu'elle reste attelée. Avant de remonter sur le siége, le conducteur doit s'assurer que les portières sont exactement fermées (*Id.*, art. 34).

Lorsqu'un roulier ou conducteur de voiture n'a pas cédé la moitié de la chaussée à une voiture publique, le conducteur ou postillon qui aurait à se plaindre de cette contravention doit en faire la déclaration à l'officier de police du lieu le plus rapproché, en faisant connaître le nom du voiturier d'après la plaque de la voiture (*Id.*, art. 35).

Pénalités.

Toute contravention aux règlements relatifs à la forme des moyeux, au maximum de la longueur des essieux, au maximum de leur saillie au delà des moyeux, à la forme des bandes des roues, à la forme des clous des bandes, au maximum des chevaux attelés, à la circulation pendant les jours de dégel et sur les ponts suspendus, à la largeur du chargement, à la saillie des colliers des chevaux et au mode d'enrayage, est punie d'une amende de 5 à 30 francs (L. 30 mai 1851, art. 4).

Toute contravention aux règlements concernant les voitures non destinées au transport des personnes et relatifs au nombre de voitures qui peuvent être réunies en un même convoi, à l'intervalle libre à laisser entre deux convois, au nombre de conducteurs exigé pour la conduite de chaque convoi, aux mesures concernant le stationnement sur les routes, aux règles à suivre pour éviter de dépasser d'autres voitures, est punie d'une amende de 6 à 10 francs et d'un emprisonnement d'un à trois jours. — En cas de récidive, l'amende peut être portée à 15 francs et l'emprisonnement à cinq jours (*Id.*, art. 5).

Toute contravention aux règlements concernant les voitures de messageries et relatifs à la solidité et à la stabilité des voitures, au mode de chargement, de conduite et d'enrayage des voitures, au nombre des personnes qu'elles peuvent transporter, à la police des relais, et aux autres mesures de police à observer par les conducteurs, cochers ou postillons, notamment pour éviter ou dépasser d'autres voitures, est punie d'une amende de 16 à 200 francs et d'un emprisonnement de six à dix jours (*Id.* art., 6).

Tout propriétaire d'une voiture circulant sur des voies publiques, sans qu'elle soit munie de la plaque prescrite par la loi, est puni d'une amende de 6 à 15 francs, et le conducteur d'une amende de 1 à 5 francs (*Id.*, art. 7).

Tout propriétaire ou conducteur de voiture qui a fait usage d'une plaque portant un nom ou domicile faux ou supposé, est puni d'une amende de 50 à 200 francs et d'un emprisonnement de 6 jours au moins et de 6 mois au plus (*Id.*, art. 8).

La même peine est applicable à celui qui, conduisant une voiture dépourvue de plaque, a déclaré un nom ou un domicile autre que le sien, ou que celui du propriétaire pour le compte duquel la voiture est conduite (*Id.*, art. 8).

Lorsque, par la faute, la négligence ou l'imprudence du conducteur, une voiture a causé un dommage quelconque à une route ou à ses dépendances, le conducteur est condamné à une amende de 3 à 50 francs ; il est condamné de plus aux frais de la réparation (*Id.*, art. 9).

Est puni d'une amende de 16 à 100 francs, indépendamment de celle qu'il pourrait avoir encourue pour toute autre cause, tout conducteur ou voiturier qui, sommé de s'arrêter par l'un des fonctionnaires ou agents chargés de constater les contraventions, refuserait d'obtempérer à cette sommation et de se soumettre aux vérifications prescrites.

Procédure.

AGENTS CHARGÉS DE CONSTATER LES CONTRAVENTIONS.— Sont chargés de constater les contraventions et délits prévus par la loi, les conducteurs, agents voyers, cantonniers chefs et autres employés du service des ponts et chaussées ou des chemins vicinaux de grande communication, commissionnés à cet effet, les gendarmes, les gardes champêtres, les employés des contributions indirectes, agents forestiers ou des douanes, et employés des octrois ayant le même droit.

Peuvent également constater lesdites contraventions et lesdits délits, les maires et adjoints, les commissaires et agents assermentés de police, les ingénieurs des ponts et chaussées, les officiers et sous-officiers de gendarmerie, et toute personne commissionnée par l'autorité départementale pour la surveillance et l'entretien des voies de communication (*Id.*, art. 15).

Les dommages causés par une voiture à une route ou à ses dépendances, par la faute, la négligence ou l'imprudence des conducteurs, sont constatés, pour les routes impériales et départementales, par les ingénieurs, conducteurs et autres employés des ponts et chaussées commissionnés à cet effet, et, pour les chemins vicinaux de grande communication, par les agents voyers, sans préjudice du droit réservé à tous les fonctionnaires et agents mentionnés au présent article de dresser procès-verbal du fait de dégradation qui aurait lieu en leur présence.

Les contraventions prévues par les art. 4 et 6 de la loi ne peuvent, en ce qui concerne les voitures publiques allant au trot, être constatées qu'au lieu de départ, d'arrivée, de relais et de station desdites voitures, ou aux barrières d'octroi, sauf toutefois celles qui concernent le nombre des voyageurs, le mode de conduite des voitures, la police des conducteurs, cochers ou postillons, et les modes d'enrayage (*Id.*, art. 16).

Compétence. — Les contraventions aux dispositions relatives à la forme des moyeux, des essieux, des bandes de roues et clous de bande, au nombre de chevaux de l'attelage, aux barrières de dégel, à la largeur du chargement, à la saillie du collier des chevaux, et à l'enrayage, sont de la compétence du conseil de préfecture du département où le procès-verbal a été dressé.

Tous les autres délits et contraventions prévus par la loi sont de la compétence des tribunaux de simple police ou de police correctionnelle (*Id.*, art. 17).

Procès-verbaux. — Les procès-verbaux dressés en vertu de l'article 15 font foi jusqu'à preuve contraire. Ceux rédigés par les agents mentionnés au paragraphe 1er de l'article 15 ci-dessus doivent être affirmés dans les trois jours, à peine de nullité, devant le juge de paix du canton ou devant le maire de la commune, soit du domicile de l'agent qui a verbalisé, soit du lieu où la contravention est constatée (*Id.*, art. 18).

Les procès-verbaux dressés par les brigadiers de gendarmerie ou les gendarmes sont dispensés de l'affirmation (L. 17 juillet 1856). Les procès-verbaux doivent être enregistrés en débet dans les trois jours de leur date ou de leur affirmation, à peine de nullité (*Id.*, art. 19).

CHAPITRE IX

POLICE DE LA GRANDE VOIRIE.

Par le mot *voirie*, on désigne l'ensemble des voies publiques de communication par terre et par eau. La voirie se divise en grande et petite voirie. La grande voirie comprend le classement, la création, l'entretien et la police tant des routes impériales et départementales que des canaux, rivières navigables et des chemins de fer, les chemins de halage, les bacs et bateaux mis à la charge de l'administration publique, les ports maritimes et de commerce, et généralement tout ce qui concerne les grandes communications par terre et par eau. La grande voirie comprend encore les rues qui, dans les villes, font partie des routes impériales et départementales, les rues de Paris, ainsi que les quais des villes sur les rivières navigables.

Les gardes champêtres sont chargés, concurremment avec les maires et adjoints, les ingénieurs, conducteurs et piqueurs des ponts et chaussées, les agents de la navigation, les commissaires de police, la gendarmerie et les cantonniers chefs, de la constatation des contraventions en matière de grande voirie, telles qu'anticipations, dépôts de fumiers ou d'autres objets, et toute espèce de détériorations commises sur les grandes routes, sur les arbres qui les bordent, sur les fossés, ouvrages d'art et matériaux destinés à leur entretien, sur les canaux, fleuves et rivières, leurs chemins de halage, francs-bords, fossés et ouvrages d'art (L. 29 flor. an x, art. 2; Décr. 16 déc. 1811, art. 112; L. 23 mars 1842, art. 3).

CHAPITRE X

POLICE DES CHEMINS DE FER

Mesures relatives à la conservation des chemins de fer. — Les chemins de fer construits ou concédés par l'État font partie de la grande voirie (L. 15-21 juill. 1845, art. 1er).

Sont applicables aux chemins de fer les lois et règlements sur la grande voirie, qui ont pour objet d'assurer la conservation des fossés, talus, levées et ouvrages d'art dépendant des routes, le pacage des bestiaux et les dépôts de terre et autres objets quelconques (*Id.*, art. 2).

Sont applicables aux propriétés riveraines des chemins de fer les servitudes imposées par les lois et règlements sur la grande voirie, et qui concernent : l'alignement, la circulation des eaux, l'occupation temporaire des terrains en cas de réparation ; la distance à observer pour les plantations et l'élagage des arbres plantés, le mode d'exploitation des mines, minières, tourbières, carrières et sablières, dans la zone déterminée à cet effet. Sont également applicables à la confection et à l'entretien des chemins de fer, les lois et règlements sur l'extraction des matériaux nécessaires au travaux publics (*Id.*, art. 3).

Tout chemin de fer est clos des deux côtés et sur toute l'étendue de la voie. L'administration détermine pour chaque ligne le mode de cette clôture, et pour ceux des chemins qui n'y ont pas été assujettis, l'époque à laquelle elle doit être effectuée. Partout où les chemins de fer croisent de niveau des routes de terre, des barrières sont établies et tenues fermées, conformément aux règlements (*Id.*, art. 4).

Aucune construction autre qu'un mur de clôture ne peut être établie dans une distance de 2 mètres d'un chemin de fer. Cette distance est mesurée soit de l'arête supérieure du déblai, soit de l'arête inférieure des talus du remblai, soit du bord extérieur des fossés du chemin, et, à défaut d'une ligne tracée, à 1m 50 c. à partir des rails extérieurs de la voie de fer. Les constructions existantes au 21 juillet 1845, ou lors de l'établissement d'un nouveau chemin de fer, peuvent être entretenues dans l'état où elles se trouvaient à cette époque. Un règlement d'administration publique détermine les formalités à remplir par les propriétaires pour faire constater l'état desdites constructions, et fixe le délai dans lequel ces formalités doivent être remplies (*Id.*, art. 5).

Dans les localités où le chemin de fer se trouve en remblai de plus de 3 mètres au-dessus du terrain naturel, il est interdit aux riverains de pratiquer, sans autorisation préalable, des excavations dans une zone de largeur égale à la hauteur verticale du remblai, mesurée à partir du pied du talus. Cette autorisation ne peut être accordée sans que les concessionnaires ou fermiers de l'exploitation du chemin de fer aient été entendus ou dûment appelés. (*Id.*, art. 6).

Il est défendu d'établir, à une distance de moins de 20 mètres d'un chemin de fer desservi par des machines à feu, des couvertures en chaume, des meules de paille, de foin et aucun autre dépôt de matières inflammables.

Cette prohibition ne s'étend pas aux dépôts de récoltes faits seulement pour le temps de la moisson (*Id.*, art. 7).

Dans une distance de moins de 5 mètres d'un chemin de fer, aucun dépôt de pierres, ou objets non inflammables, ne peut être établi sans l'autorisation préalable du préfet.

L'autorisation n'est pas nécessaire : 1° pour former, dans les localités où le chemin de fer est en remblai, des dépôts de matières non inflammables, dont la hauteur n'excède pas celle du remblai du chemin ; 2° pour former des dépôts temporaires d'engrais et autres objets nécessaires à la culture des terres (*Id.*, art. 8).

Lorsque la sûreté publique, la conservation du chemin et la disposition des lieux le permettent, les distances déterminées par les articles précédents peuvent être diminuées en vertu de décrets rendus après enquêtes (*Id.*, art. 9).

Si, hors des cas d'urgence prévus par la loi des 16-24 août 1790, la sûreté publique ou la conservation des chemins de fer l'exige, l'administration peut faire supprimer, moyennant une juste indemnité, les constructions, plantations, excavations, couvertures en chaume, amas de matériaux combustibles ou autres, existant dans les zones ci-dessus spécifiées lors de l'établissement du chemin de fer *Id.*, art. 10).

Les contraventions aux dispositions de ce titre sont constatées, poursuivies et réprimées comme en matière de grande voirie. Elles sont punies d'une amende de 16 à 300 francs, sans préjudice, s'il y a lieu, des peines portées au Code pénal et au titre III de la présente loi. Les contrevenants sont en outre condamnés à supprimer dans le délai déterminé par l'arrêté du conseil de préfecture les excavations, couvertures, meules ou dépôts faits contrairement aux dispositions précédentes (*Id.*, art. 11).

5.

Des mesures relatives à la sûreté de la circulation sur les chemins de fer.

Quiconque a volontairement détruit ou dérangé la voie de fer, placé sur la voie un objet faisant obstacle à la circulation, ou employé un moyen quelconque pour entraver la marche des convois ou la faire sortir des rails, est puni de la reclusion; s'il y a eu homicide ou blessures, le coupable est, dans le premier cas, puni de mort, et, dans le second, de la peine des travaux forcés à temps (*Id.*, art. 16).

Si le crime prévu par l'article 16 a été commis en réunion séditieuse, avec rébellion ou pillage, il est imputable aux chefs, auteurs, instigateurs et provocateurs de ces réunions qui sont punis comme coupables du crime et condamnés aux mêmes peines que ceux qui l'ont personnellement commis, lors même que la réunion séditieuse n'aurait pas eu pour but direct et principal la destruction de la voie de fer. Toutefois, dans ce dernier cas, lorsque la peine de mort est applicable aux auteurs du crime, elle est remplacée, à l'égard des chefs, auteurs, instigateurs et provocateurs de ces réunions, par la peine des travaux forcés à perpétuité (*Id.*, art. 17).

Quiconque a menacé, par écrit anonyme ou signé, de commettre un des crimes prévus en l'article 16, est puni d'un emprisonnement de trois à cinq ans dans le cas où la menace aurait été faite avec ordre de déposer une somme d'argent dans un lieu indiqué, ou de remplir toute autre condition. Si la menace n'a été accompagnée d'aucun ordre ou condition, la peine est d'un emprisonnement de trois mois à deux ans et d'une amende de 100 fr. à 500 fr. Si la menace avec ordre ou condition a été verbale, le coupable est puni d'un emprisonnement de quinze jours à six mois, et d'une amende de 25 fr. à 300 fr. (*Id.*, art. 28).

Quiconque, par maladresse, imprudence, inattention, négligence ou inobservation des lois ou règlements, a involontairement causé sur un chemin de fer, ou dans les gares ou stations, un accident qui a occasionné des blessures, est puni de huit jours à six mois d'emprisonnement et d'une amende de 50 fr. à 1,000 fr. Si l'accident a occasionné la mort d'une ou de plusieurs personnes, l'emprisonnement est de six mois à cinq ans, et l'amende de 300 fr. à 3,000 fr. (*Id.*, art. 19).

Est puni d'un emprisonnement de six mois à deux ans tout mécanicien ou conducteur garde-frein qui a abandonné son poste pendant la marche du convoi (*Id.*, art. 20).

Toute contravention aux décrets portant règlement d'administration publique sur la police, la sûreté et l'exploitation du chemin de fer, et aux arrêtés pris par les préfets, sous l'approbation du ministre des travaux publics pour l'exécution desdits décrets, est punie d'une amende de 16 fr. à 3,000 fr. En cas de récidive dans l'année, l'amende est portée au double, et le tribunal peut, selon les circonstances, prononcer, en outre, un emprisonnement de trois jours à un mois (*Id.*, art. 21).

Les crimes, délits et contraventions prévus dans les titres Ier et III de la présente loi, peuvent être constatés par des procès-verbaux dressés concurremment par les officiers de police judiciaire, les ingénieurs des ponts et chaussées et des mines, les conducteurs, gardes-mines, agents de surveillance et gardes nommés ou agréés par l'administration et dûment assermentés. Les procès-verbaux des délits et contraventions font foi jusqu'à preuve contraire. Ils sont visés pour timbre et enregistrés en débet. Ceux qui ont été dressés par des agents de surveillance et gardes assermentés doivent être affirmés dans les trois jours, à peine de nullité, devant le juge de paix ou le maire, soit du lieu du délit ou de la contravention, soit de la résidence de l'agent (*Id.*, art. 24).

CHAPITRE XI

POLICE DES LIGNES TÉLÉGRAPHIQUES.

Aucune ligne télégraphique ne peut être établie ou employée à la transmission des correspondances que par le gouvernement ou avec son autorisation. Quiconque transmet sans autorisation des signaux d'un lieu à un autre, soit à l'aide de machines télégraphiques, soit par tout autre moyen, est puni d'un emprisonnement d'un mois à un an et d'une amende de 1,000 fr. à 10,000 fr. En cas de condamnation, le gouvernement peut ordonner la destruction des appareils et machines télégraphiques (Décr. 27 déc. 1851, art. 1).

Les compagnies de chemin de fer peuvent être autorisées à établir à leurs frais des fils et appareils télégraphiques destinés à transmettre des signaux nécessaires pour la sûreté et la régularité de leur exploitation (Décr. 25-29 déc. 1855).

Quiconque a, par imprudence ou involontairement commis un fait matériel pouvant compromettre le service de la télégraphie électrique ; quiconque a dégradé ou détérioré, de quelque manière que ce soit, les appareils des lignes de télégraphie électrique ou les machines des télégraphes aériens, est puni d'une amende de 16 fr. à 300 fr. La contravention est poursuivie et jugée comme en matière de grande voirie, c'est-à-dire que, dans ce cas, c'est le

Conseil de préfecture qui est *autorité compétente* pour en connaître (Décr., 27 déc. 1851, art. 2).

Quiconque, par la rupture des fils, par la dégradation des appareils ou par tout autre moyen, a volontairement causé l'interruption de la correspondance télégraphique électrique ou aérienne, est puni d'un emprisonnement de trois mois à deux ans et d'une amende de 100 fr. à 1,000 fr. (*Id.*, art. 3).

Les délits ou contraventions ci-dessus peuvent être constatés par les procès-verbaux dressés concurremment par les officiers de police judiciaire, les commissaires et sous-commissaires préposés à la surveillance des chemins de fer, les inspecteurs des lignes télégraphiques, les agents de surveillance nommés ou agréés par l'administration et dûment assermentés. Ces procès-verbaux font foi jusqu'à preuve contraire (*Id.*, art. 10).

CHAPITRE XII

POLICE DES CHEMINS VICINAUX

On désigne sous le nom de chemins vicinaux les chemins nécessaires aux communications des communes et dont l'entretien est à leur charge, avec ou sans subvention du département.

Ils se divisent en deux catégories : la première comprend les *chemins vicinaux de petite communication*, qui sont entièrement à la charge des communes ; la seconde, les *chemins vicinaux de grande communication*, dont l'entretien est à la charge des communes, avec le concours du département.

On appelle *chemins vicinaux de moyenne communication* ou *d'intérêt commun* ceux dont l'entretien est à la charge de plusieurs communes.

Il est défendu : — d'enlever du gravier, du sable, de la terre ou du gazon sur les chemins vicinaux ou dans les fossés qui en dépendent ; — de faire sur les chemins vicinaux ou dans les fossés aucun dépôt de pierres, terres, décombres ou autres matériaux, sauf le cas de nécessité absolue ; — d'y jeter les pierres provenant de l'épierrement des champs voisins ;— d'y laisser stationner aucune voiture, instruments aratoires, marchandises ou autres choses encombrantes, de manière à gêner la circulation ; — de mutiler les arbres plantés sur les chemins vicinaux, de dégrader les bornes, parapets des ponts et autres ouvrages ; — de dépaver les chemins vicinaux qui seraient pavés en tout ou en partie ; — d'enlever aucune pierre, non plus que les fers, bois et autres matériaux destinés aux travaux desdits chemins ou déjà mis en œuvre ; — de faire aucune tranchée ou ouverture quelconque dans la chaussée, les accotements, revers ou glacis des chemins vicinaux, pour quelque motif que ce soit, sans en avoir demandé et obtenu l'autorisation ; — de déverser sur les chemins vicinaux ou dans les fossés des eaux d'irrigation ou provenant des usines et fabriques, ni même les eaux pluviales ou ménagères, de manière à causer des dégradations aux chemins ou fossés ; — de parcourir les chemins vicinaux avec une charrue dont le fer ne serait pas relevé ; — de détériorer les berges, talus ou autres marques distinctives de la largeur des chemins vicinaux ; — d'établir des fumiers sur le sol des chemins ou d'y étendre, pour les faire macérer ou briser, aucune espèce de litière, paille, ajoncs, lavandes, bois, etc. ; — de labourer le sol des chemins vicinaux dans la largeur comprise entre les fossés, ou, à défaut de fossés, dans la largeur attribuée au chemin par les arrêtés de classement ; — de faire ou de laisser paître sur les chemins vicinaux aucune espèce d'animaux, soit sous la garde d'un pâtre, soit même à la longe ou en laisse (Règl. gén., art. 372).

Les propriétaires de terrains supérieurs bordant les chemins vicinaux sont tenus d'empêcher leur éboulement sur lesdits chemins ou dans les fossés, et d'entretenir toujours en bon état les murs de soutènement ou de clôture de leurs possessions, de manière que ni les chemins ni les fossés ne soient embarrassés (*Id.*, art. 474).

Il est interdit de pratiquer, dans le voisinage des chemins vicinaux, des excavations de quelque nature que ce soit, si ce n'est aux distances déterminées par les règlements préfectoraux.

Les maires peuvent, en outre, imposer aux propriétaires de ces excavations l'obligation de les couvrir ou de les entourer, selon les cas, de clôtures propres à prévenir tout danger pour les voyageurs (*Id.*, art. 375).

Il est interdit d'établir des moulins à vent ou tout autre établissement mû par le vent à une distance moindre que celle déterminée par les règlements des préfets, des abords des chemins vicinaux (*Id.*, art. 377).

Toute anticipation sur le sol des chemins vicinaux ou des fossés, berges ou talus qui en dépendent, de quelque nature qu'elle ait été commise, est constatée par les maires, adjoints, commissaires de police, agents voyers et gardes champêtres (*Id.*, art. 382).

Toute contravention aux dispositions des règlements préfectoraux autres que l'anticipation du sol des chemins vicinaux et des fossés, berges et talus qui en dépendent, sont constatées par procès-verbaux des fonctionnaires et agents ci-dessus.

CHAPITRE XIII

POLICE DES COURS D'EAU

On comprend, sous la dénomination générique de cours d'eau, tant les rivières navigables et flottables, que les petits cours d'eau qui ne sont ni navigables ni flottables.

Cours d'eau navigables et flottables. — Les fleuves et rivières navigables ou flottables sont considérés comme des dépendances du domaine public (C. N., art. 538).

La conservation, l'entretien et l'amélioration des voies navigables est une des attributions spécialement déléguées à l'administration des ponts et chaussées. C'est une des charges de l'Etat.

Toute construction ou plantation sur et le long des rivières navigables et flottables sans autorisation constitue une contravention de grande voirie (Arrêté, 19 vent. an VI, art. 9).

Les contraventions en matière de grande voirie, telles qu'anticipations, dépôts de fumiers et d'autres objets et toute espèce de détériorations commises sur les canaux, fleuves et rivières navigables, leurs chemins de halage, francs-bords, fossés, ouvrages d'art et matériaux destinés à leur entretien sont constatées, réprimées et poursuivies par voie administrative, c'est-à-dire devant les conseils de préfecture (L. 29 floréal an X).

Le soin de constater ces contraventions est confié concurremment aux maires ou adjoints, aux ingénieurs et conducteurs des ponts et chaussées, aux agents de la navigation, aux commissaires de police, à la gendarmerie, aux employés des contributions indirectes et des octrois, et enfin aux gardes champêtres.

Cours d'eau non navigables ni flottables. — On entend sous ce nom tous les cours d'eau ayant un cours perpétuel qui ne sont ni navigables ni flottables en trains.

Aucune personne ne peut disposer des eaux publiques, soit dans leurs canaux, soit par dérivation, sans y être autorisée par l'autorité administrative. Personne ne peut, sans cette autorisation, établir sur leurs cours aucune usine, ni faire dans leur lit aucun ouvrage, sans s'exposer à les voir détruire, à réparer les dégâts et à payer des dommages-intérêts à ceux qui auraient souffert de ces établissements ou de ces travaux. Personne, enfin, ne peut rien changer ni au cours des eaux publiques, ni aux établissements autorisés sans en avoir reçu la permission de la même autorité.

Les maires peuvent, par mesure de salubrité, pourvoir, par des règlements de police, au libre écoulement des eaux.

Il est fait, à la diligence des maires, injonction aux propriétaires dont les possessions bordent les ruisseaux et autres cours d'eau non navigables, d'avoir à arracher et enlever, dans un délai fixé, les arbres, arbustes, broussailles et généralement toutes excroissances de cette nature qui se trouveraient implantées, soit dans le lit des cours d'eau, soit sur les talus inférieurs. Faute par les riverains d'obtempérer à l'injonction, les maires dressent procès-verbal contre eux et les traduisent devant les tribunaux compétents.

Sont punis d'une amende qui ne peut excéder le quart des restitutions et des dommages-intérêts, ni être au-dessous de 50 francs, les propriétaires ou fermiers, ou toute personne jouissant de moulins, usines ou étangs qui, par l'élévation du réservoir de leurs eaux au-dessus de la hauteur déterminée par l'autorité compétente, ont inondé les chemins ou les propriétés d'autrui.

S'il est résulté du fait quelques dégradations, la peine est, outre l'amende, un emprisonnement de six jours à un mois (C. p. art. 457).

Personne ne peut inonder l'héritage de son voisin, ni lui transmettre volontairement les eaux d'une manière nuisible, sous peine de payer le dommage, et une amende qui ne peut excéder la somme du dédommagement (L. 28 sept.-6 oct. 1791, titre II, art. 14).

Les gardes champêtres exercent une surveillance sur les cours d'eau non navigables. Il veillent à ce que les prescriptions des règlements émanés soit du préfet, soit du maire, soient rigoureusement observées et particulièrement à ce qu'il ne soit déposé dans le lit des cours d'eau aucun corps étranger qui mette obstacle au libre écoulement des eaux ; à ce qu'il ne soit fait dans les berges aucune coupure ni aucune dégradation qui puissent permettre à l'eau de se répandre dans les terres, et à ce que la surface de l'eau ne soit jamais maintenue au-dessus du couronnement des déversoirs ou des vannes de décharge faisant fonction de déversoirs.

Ils constatent, par des procès-verbaux, les inondations qui seraient causées par la trop grande élévation de ces ouvrages ou autrement.

Ils rendent compte aux maires de toutes les contraventions de ce genre qu'ils reconnaîtraient. Ils doivent de plus, pour les cours d'eau dont la surveillance est spécialement confiée à un garde-rivière, en prévenir immédiatement ce dernier, en l'absence duquel ils dressent toutefois procès-verbal des contraventions qu'ils ont reconnues.

CHAPITRE XIV

POLICE DES BACS ET BATEAUX DE PASSAGE

Tout bac aboutissant à un chemin public, route impériale ou départementale, ou chemin vicinal, doit appartenir à l'État, quelle que soit la nature du cours d'eau qu'il traverse.

L'État doit pourvoir à l'entretien de tous les bacs, sans excepter ceux dont les produits seraient insuffisants pour couvrir cette dépense ; ces principes ne font pas obstacle à ce que des particuliers puissent établir, sans autorisation administrative, des bateaux de passage pour le service de leurs propriétés situées sur des cours d'eau non navigables, pourvu qu'ils ne reçoivent pas de passager moyennant rétribution, et en concurrence avec un bac public qui serait situé dans le voisinage (L. 6 frim. an VII, art. 8).

Une tolérance analogue pourrait même être accordée à une commune traversée par un cours d'eau de cette dernière espèce, et qui, pour le passage de ses seuls habitants, aurait un bac aboutissant à un sentier ou à un chemin communal; mais, dans ce cas, le tarif du péage devrait être soumis à l'approbation du préfet (Avis C. d'État, 26 avril 1829).

L'administration immédiate et la police des passages d'eau appartiennent au préfet du département, sauf l'approbation du gouvernement (*Id.*, art. 31 et 32). C'est à ces magistrats qu'il appartient de fixer les heures d'interdiction de passage et toutes les mesures de sûreté (*Id.*, art. 51 à 54).

La perception du droit pour chaque passage d'eau est fixée par le gouvernement, dans la forme arrêtée pour les règlements d'administration publique, c'est-à-dire par décret impérial délibéré en Conseil d'État (L. 14 floréal an x, art. 10).

Le mode de recouvrement est la mise en ferme. Un modèle général de cahier des charges approuvé par le ministre des finances le 28 août 1852 sert de base aux adjudications.

Toute contravention aux règlements de police administrative et de sûreté, commise par les adjudicataires, mariniers et autres personnes employées au service des bacs, entraîne, pour ceux qui l'ont commise, une amende de la valeur de trois journées de travail, indépendamment de la responsabilité personnelle pour les suites de leur négligence (L. 6 prim. an VII, art. 51).

Si des sommes ont été indûment perçues par les adjudicataires, mariniers, etc., outre la restitution, la peine est un emprisonnement d'un à trois jours et une amende qui peut varier d'une journée à trois journées de travail (*Id.*, art. 52).

Les adjudicataires sont, dans tous les cas, civilement responsables des restitutions, dommages-intérêts, amendes et condamnations pécuniaires prononcées contre leurs préposés et mariniers (*Id.*, art. 54).

Toute personne qui se soustrairait au payement des sommes portées aux tarifs est condamnée, par le juge de paix du canton, outre la restitution des droits, à une amende qui ne peut être moindre de la valeur d'une journée de travail ni excéder trois jours (*Id.*).

Toute personne qui a aidé ou favorisé les fraudes ou

contraventions est traitée comme celle qui s'en est rendue coupable (*Id.*, art. 58).

Les voitures, chevaux et marchandises appartenant aux contrevenants sont saisissables pour garantie du payement des amendes et condamnations (*Id.*, art. 59).

Les maires, les adjoints, les commissaires de police, les gardes champêtres doivent constater par des procès-verbaux, les contraventions commises aux règlements concernant la police des bacs et bateaux, tant par les adjudicataires et leurs préposés, que par les particuliers qui se seraient soustraits frauduleusement au payement des droits de passage.

CHAPITRE XV

POLICE DES CARRIÈRES ET TOURBIÈRES

La surveillance des gardes champêtres s'étend sur les carrières et tourbières. Les contraventions aux lois et règlements sur cette matière sont constatées comme les contraventions en matière de voirie et de police (L. 21 avril 1810, art. 93).

Pour les carrières comme pour les tourbières, ils veillent à ce que les précautions prescrites par les règlements généraux et locaux sur l'exploitation des carrières, plâtrières, glaisières, sablonnières, marnières et crayères, et des tourbières, soient prises pour prévenir les éboulements et tous les autres accidents qui pourraient compromettre la sûreté des ouvriers ou des habitants, ou bien porter atteinte aux propriétés voisines ou aux chemins publics.

A cet effet, ils demandent aux maires les instructions nécessaires, et ils leur rendent compte de toutes les contraventions qu'ils découvrent, et ils doivent s'empresser en outre de les informer de tous les accidents qui viendraient à leur connaissance.

CHAPITRE XVI

POLICE DES BOIS ET FORÊTS NON SOUMIS AU RÉGIME FORESTIER.

Dispositions applicables à tous les bois et forêts en général.

Toute extraction ou enlèvement non autorisé de pierres, sables, minerai, terre ou gazon, tourbes, bruyères, genêts, herbages, feuilles vertes ou mortes, engrais existant sur le sol des forêts, glands, faînes et autres fruits ou semences des bois et forêts, donne lieu à des amendes qui sont fixées ainsi qu'il suit : par charretée ou tombereau, de 10 fr. à 30 fr. pour chaque bête attelée ; par chaque charge de bête de somme, de 5 fr. à 15 fr. ; par chaque charge d'homme, de 2 fr. à 6 fr. Il peut, en outre, être prononcé un emprisonnement de trois jours au plus (C. pén., art. 144).

Il n'est point dérogé au droit conféré à l'administration des ponts et chaussées d'indiquer les lieux où doivent être faites les extractions de matériaux pour les travaux publics ; néanmoins, les entrepreneurs sont tenus envers l'État, les communes et établissements publics, comme envers les particuliers, de payer toutes les indemnités de droit et d'observer toutes les formes prescrites par les lois et règlements en cette matière (*Id.*, art. 145).

Quiconque est trouvé dans les bois et forêts, hors des routes et chemins ordinaires, avec serpes, cognées, haches, scies et autres instruments de même nature, est condamné à une amende de 10 fr. et à la confiscation desdits instruments (*Id.*, art. 146).

Ceux dont les voitures, bestiaux, animaux de charge ou de monture sont trouvés dans les forêts, hors des routes et chemins ordinaires, sont condamnés, savoir : par chaque voiture, à une amende de 10 fr. pour les bois de 10 ans et au-dessus, et de 20 fr. pour les bois au-dessous de cet âge; par chaque tête ou espèce de bestiaux non attelés, savoir : 1 fr. pour un cochon ; 2 fr. pour une bête à laine ; 3 fr. pour un cheval ou autre bête de somme ; 4 fr. pour une chèvre; 5 fr. pour un bœuf, une vache ou un veau. L'amende est doublée si les bois ont moins de 10 ans, sans préjudice, s'il y a lieu, de dommages-intérêts (*Id.*, art. 147).

Il est défendu de porter ou allumer du feu dans l'intérieur et à la distance de 200 mètres des bois et forêts, sous peine d'une amende de 20 fr. à 100 fr., sans préjudice, en cas d'incendie, des peines portées par le Code pénal, et de tous dommages-intérêts (*Id.*, art. 148).

Tous usagers qui, en cas d'incendie, refusent de porter des secours dans les bois soumis à leur droit d'usage, sont traduits en police correctionnelle, privés de ce droit pendant un an au moins et cinq ans au plus, et condamnés, en outre, à une amende de 6 fr. à 10 fr. (*Id.*, art. 149 ; C. pén., art. 475).

Les propriétaires riverains des bois et forêts ne peuvent se prévaloir de l'article 672 du Code Napoléon pour l'élagage des lisières desdits bois et forêts, si ces arbres de lisière ont plus de trente ans. Tout élagage qui serait exécuté sans l'autorisation des propriétaires des bois et forêts donne lieu à un emprisonnement de six jours au moins et de six mois au plus, à raison de chaque arbre, sans que la totalité puisse cependant excéder cinq ans (*Id.*, art. 150; C. pén., art. 445).

De la poursuite des délits et contraventions commis dans les bois non soumis au régime forestier.

Les délits et contraventions commis dans les bois non soumis au régime forestier, c'est-à-dire dans les bois des particuliers, sont recherchés et constatés, tant par les gardes des bois et forêts des particuliers que par les gardes champêtres des communes, les gendarmes, et en général par tous officiers de police judiciaire chargés de rechercher et de constater les délits ruraux.

Les procès-verbaux font foi jusqu'à preuve contraire. Ces procès-verbaux, à l'exception de ceux dressés par les gardes particuliers, sont enregistrés en débet (*Id.*, art. 188).

Les gardes sont autorisés à saisir les bestiaux trouvés en délits et les instruments, voitures et attelages des délinquants et à les mettre en séquestre. Ils suivent les objets enlevés par les délinquants jusque dans les lieux où ils ont été transportés, et les mettent également en séquestre. Ils ne peuvent néanmoins s'introduire dans les maisons, bâtiments, cours adjacentes et enclos, si ce n'est en présence, soit du juge de paix ou de son suppléant, soit du maire du lieu ou de son adjoint, soit du commissaire de police (*Id.*, art. 161).

Les fonctionnaires ci-dessus ne peuvent se refuser à accompagner sur-le-champ les gardes lorsqu'ils en sont requis par eux, pour assister à des perquisitions. Ils sont tenus, en outre, de signer le procès-verbal du séquestre ou de la perquisition faite en leur présence, sauf au garde, en cas de refus de leur part, à en faire mention au procès-verbal (*Id.*, art. 162).

Les gardes arrêtent et conduisent devant le juge de paix ou devant le maire tout inconnu qu'ils ont surpris en flagrant délit (*Id.*, art. 163).

Dans le cas où un procès-verbal porte saisie, il en est fait, aussitôt après l'affirmation, une expédition qui est déposée dans les vingt-quatre heures au greffe de la justice de paix, pour qu'il en puisse être donné communication à ceux qui réclameraient les objets saisis (*Id.*, art. 167).

Les procès-verbaux sont, sous peine de nullité, enregistrés dans les quatre jours qui suivent celui de l'affirmation, ou celui de la clôture du procès-verbal, s'il n'est pas sujet à l'affirmation (*Id.*, art. 170).

Les procès-verbaux des gardes champêtres, en matière forestière, restent soumis à leurs *formes* spéciales particulières, qui sont moins rigoureuses que celles prescrites par le Code forestier (Exposé des motifs et rapports sur la loi des 18 juin-19 nov. 1859).

Les actions en réparation de délits et contraventions en matière forestière se prescrivent par trois mois, à compter du jour où les délits et contraventions ont été constatés, lorsque les prévenus sont désignés dans les procès-verbaux; dans le cas contraire, le délai de prescription est de six mois, à compter du même jour (*Id.*, art. 185).

Les dispositions du Code d'instruction criminelle sur la poursuite des délits et contraventions, sur les citations et délais, sur les défauts, oppositions, jugements, appels et recours en cassation, sont et demeurent applicables à la poursuite des délits et contraventions commis dans les bois non soumis au régime forestier, sauf les modifications indiquées plus haut (*Id.*, art. 189).

Des peines et condamnations pour tous les bois en général.

La coupe ou l'enlèvement d'arbres ayant deux décimètres de tour et au-dessus donne lieu à des amendes qui sont déterminées dans les proportions suivantes, d'après l'essence et la circonférence des arbres. Les arbres sont divisés en deux classes. — La première comprend les chênes, hêtres, charmes, ormes, frênes, érables, platanes, pins, sapins, mélèzes, châtaigniers, noyers, aliziers, sorbiers, cormiers, merisiers et autres arbres fruitiers. — La seconde se compose des aulnes, tilleuls, bouleaux, trembles, peupliers, saules, et de toutes les espèces non comprises dans la première classe. Si les arbres de la première classe ont deux décimètres de tour, l'amende est de 1 fr. par chacun de ces deux décimètres, et s'accroît ensuite progressivement de 10 centimes par chacun des autres décimètres. Si les arbres de la seconde classe ont deux décimètres de tour, l'amende est de 50 centimes pour chacun de ces deux décimètres, et s'accroît ensuite progressivement de 5 centimes par chacun des autres décimètres. — La circonférence est mesurée à un mètre du sol.

Il peut, en outre, être prononcé un emprisonnement de cinq jours au plus, si l'amende n'excède pas 15 fr., et de deux mois au plus, si l'amende est supérieure à cette somme (*Id.*, art. 192).

Si les arbres auxquels s'applique le tarif établi par l'article précédent ont été enlevés et façonnés, le tour en est mesuré sur la souche; et si la souche a été également enlevée, le tour est calculé dans la proportion d'un cinquième en sus de la dimension totale des quatre faces de l'arbre équarri. Lorsque l'arbre et la souche ont disparu, l'amende est calculée suivant la grosseur de l'arbre arbitrée par le tribunal d'après les documents du procès (*Id.*, art. 193).

L'amende pour coupe ou enlèvement de bois qui n'ont pas deux décimètres de tour est, pour chaque charrette, de 10 francs par bête attelée, de 5 francs par chaque charge de bête de somme, et de 2 francs par fagot, fouée ou charge d'homme. Il peut, en outre, être prononcé un emprisonnement de cinq jours au plus. S'il s'agit d'arbres semés ou plantés dans les forêts depuis moins de cinq ans, la peine est d'une amende de 1 franc par chaque arbre, quelle qu'en soit la grosseur, et, en outre, d'un emprisonnement d'un mois au plus (*Id.*, art. 194).

Quiconque arrache des plants dans les bois et forêts est puni d'une amende qui ne peut être moindre de 10 francs, ni excéder 300 francs. Il peut, en outre, être prononcé un emprisonnement de cinq jours au plus. Si le délit a été commis dans un semis ou plantation exécutée de main d'homme, il est prononcé, outre l'amende, un emprisonnement de quinze jours à un mois (*Id.*, art. 195).

Ceux qui, dans les bois et forêts, ont éhouppé, écorcé ou mutilé des arbres, ou qui en ont coupé les principales branches, sont punis comme s'ils les avaient abattus par le pied (*Id.*, art. 196).

Quiconque enlève des chablis et bois de délits est condamné aux mêmes amendes et restitutions que s'il les avait abattus sur pied (*Id.*, art. 197).

Dans le cas d'enlèvement frauduleux de bois et d'autres productions du sol des forêts, il y a toujours lieu, outre les amendes, à la restitution des objets enlevés ou de leur valeur, et de plus, selon les circonstances, à des dommages-intérêts.

Les scies, haches, serpes, cognées et autres instruments de même nature, dont les délinquants et leurs complices sont trouvés munis, sont confisqués (*Id.*, art. 198).

Les propriétaires d'animaux trouvés de jour en délit dans les bois de dix ans et au-dessus sont condamnés à une amende de 1 franc pour un cochon, 2 francs pour une bête à laine, 3 francs pour un cheval ou autre bête de somme, 4 francs pour une chèvre, 5 francs pour un bœuf, une vache ou un veau; l'amende est double si les bois ont moins de 10 ans; sans préjudice, s'il y a lieu, des dommages-intérêts (*Id.*, art. 199).

Ceux qui ont contrefait ou falsifié les marteaux des particuliers servant aux marques forestières, ou qui ont fait usage de marteaux contrefaits ou falsifiés; ceux qui, s'étant indûment procuré les vrais marteaux, en ont fait une application ou un usage préjudiciable aux intérêts ou aux droits des particuliers, sont punis d'un emprisonnement de trois mois à dix ans (*Id.*, art. 200).

Dans le cas de récidive, la peine est toujours doublée; il y a récidive, lorsque, dans les douze mois précédents, il a été rendu contre le délinquant ou contrevenant un premier jugement pour délit ou contravention en matière forestière. Les peines sont également doublées lorsque les délits ou les contraventions ont été commis la nuit, ou que les délinquants ont fait usage de la scie pour couper les arbres sur pied (*Id.*, art. 201).

Les maris, pères, mères, et tuteurs, et en général tous maîtres et commettants, sont civilement responsables des délits et contraventions commis par leurs femmes, enfants mineurs et pupilles, demeurant avec eux et non mariés, ouvriers, voituriers, et autres subordonnés, sauf tout recours de droit (*Id.*, art. 206).

DÉFRICHEMENT DES BOIS DES PARTICULIERS

Aucun particulier ne peut user du droit d'arracher ou défricher ses bois qu'après en avoir fait la déclaration à la sous-préfecture, au moins quatre mois d'avance, durant lesquels l'administration peut faire signifier au propriétaire son opposition au défrichement (*Id.*, art. 219).

En cas de contravention, le propriétaire est condamné à une amende calculée à raison de 500 francs au moins et de 1,500 francs au plus par hectare de bois défriché. Il doit, en outre, s'il en est ainsi ordonné par le ministre des finances, rétablir les lieux défrichés en nature de bois, dans un délai qui ne peut excéder trois années (*Id.*, art. 221).

Sont exceptés des dispositions de l'article 219 : 1° les jeunes bois pendant les vingt premières années après leur semis ou plantation ; 2° les parcs ou jardins clos ou attenant aux habitations ; 3° les bois non clos d'une étendue au-dessous de 10 hectares, lorsqu'ils ne font pas partie d'un autre bois qui compléterait une contenance de 10 hectares, ou qui ne sont pas situés sur le sommet de la pente d'une montagne (*Id.*, art. 224).

CHAPITRE XVII

POLICE DE L'AFFICHAGE

Tout individu qui veut, au moyen de la peinture ou de tout autre procédé, inscrire des affiches dans un lieu public, sur les murs, sur une construction quelconque, ou même sur toile, est tenu préalablement de payer le droit d'affichage établi par l'article 30 de la loi du 8 juillet 1852, et d'obtenir de l'autorité municipale l'autorisation ou permis d'afficher (Décr. 25 août 1852, art. 1er).

Le droit d'affichage est fixé à 50 centimes pour les affiches d'un mètre carré et au-dessous, et à 1 franc pour celles d'une dimension supérieure.

Il est justifié du payement du droit par la représentation de la déclaration d'affichage, revêtue de la quittance du receveur de l'enregistrement et de l'autorisation d'afficher, par la représentation du permis d'affichage délivré par le maire. Aucun exemplaire de l'affiche ne peut être d'une dimension supérieure à celle pour laquelle le droit a été payé.

Les contraventions aux dispositions ci-dessus sont constatées par des procès-verbaux rapportés, soit par les préposés de l'administration de l'enregistrement et des domaines, soit par les commissaires de police, gendarmes, gardes champêtres et tous les autres agents de la force publique (Décr. 31 août 1852, art. 5).

Il est accordé, à titre d'indemnité, aux gendarmes, gardes champêtres et autres agents de la force publique qui ont constaté les contraventions, un quart des amendes payées par les contrevenants (*Id.*, art. 6).

CHAPITRE XVIII

DES GARDES CHAMPÊTRES PARTICULIERS.

§ 1er. — *Institution.*

Tout propriétaire a le droit d'avoir un ou plusieurs gardes champêtres pour veiller à la conservation de ses propriétés rurales.

L'usufruitier, l'usager, le possesseur du droit de chasse, de pêche, le fermier lui-même ont le droit, tout comme le propriétaire, de nommer un garde pour la surveillance de leurs récoltes, ou pour la conservation du gibier ou poisson.

Rien n'empêche que le même garde ne soit choisi et commissionné à la fois par plusieurs particuliers, ni que le garde champêtre de la commune ne soit en même temps le garde d'un particulier, d'un hospice ou autres établissements publics.

Le droit qu'a tout propriétaire d'avoir pour ses domaines un garde champêtre qu'il paye, ne le dispense pas de contribuer au traitement du garde de la commune.

§ 2. — *Conditions d'admission.*

Les conditions d'aptitude sont les mêmes pour les gardes champêtres particuliers que pour les gardes champêtres communaux, c'est-à-dire, qu'ils doivent avoir plus de 25 ans, être de bonnes vie et mœurs, et, autant que possible, savoir lire et écrire.

§ 3. — *Nomination.*

Les hospices et autres établissements publics par leurs administrateurs, les propriétaires et fermiers ont le droit de nommer eux-mêmes leurs gardes particuliers, mais ils doivent les faire agréer par le sous-préfet de l'arrondissement (L. 28 pluv. an VIII, art. 9).

En cas de refus du sous-préfet d'agréer l'individu qui lui est présenté, l'on pourrait s'adresser au préfet, puis au ministre.

L'acte de nomination, dont le modèle est ci-après, est fait sur une feuille de 50 centimes; il est soumis à la formalité de l'enregistrement, et ensuite remis ou adressé à la sous-préfecture avec un certificat de moralité du garde, délivré par le maire de la commune.

Modèle d'acte de nomination

Je soussigné (*nom, prénoms*), propriétaire, demeurant à , déclare par le présent choisir et nommer pour mon garde champêtre particulier le sieur (*nom, prénoms*), cultivateur, âgé de ans, demeurant à , auquel je donne mandat de veiller à la conservation de mes propriétés situées dans les communes de , lesquelles consistent en terres labourables, prés, bois, etc.

Fait à , le 186 .

Le droit d'enregistrement est de 2 francs, et est perçu autant de fois que la commission énonce de propriétaires différents et ayant des intérêts distincts (Décis. min., 27 sept. 1830).

Après la mort du propriétaire qui l'a commissionné, un garde particulier est dépourvu de son caractère légal tant qu'il n'a pas reçu une commission des héritiers et prêté un nouveau serment.

§ 4. — *Serment.*

Avant d'entrer en fonctions, les gardes champêtres particuliers doivent prêter devant le juge de paix de leur canton le serment politique prescrit par la constitution, et le serment professionnel prescrit par la loi du 6 octobre 1792. Ce serment est formulé comme celui des gardes champêtres communaux et est soumis aux mêmes droits d'enregistrement.

Si, dans les propriétés confiées à la surveillance des gardes particuliers, sont compris des bois ou taillis, le serment doit être prêté devant le tribunal de première instance de l'arrondissement.

Si la surveillance devait s'étendre sur des propriétés situées sur le territoire de deux arrondissements différents, il ne serait pas nécessaire que le garde prêtât serment devant les deux tribunaux ; il lui suffirait de faire enregistrer l'acte de la prestation au greffe du tribunal devant lequel le serment n'a pas été prêté.

§ 5. — *Installation.*

Dans les huit jours qui suivent la prestation de serment, le garde particulier doit se présenter à l'officier ou sous-officier de gendarmerie du canton pour faire inscrire sa commission.

§ 6. — *Armes.*

Les gardes champêtres particuliers peuvent porter toutes sortes d'armes apparentes, et obtenir la permission de chasser. Les propriétaires, possesseurs ou fermiers, autorisés, par l'article 9, § 3, de la loi du 3 mai 1844, à détruire en tout temps les animaux malfaisants ou nuisibles sur leurs terres, et même à repousser ou détruire avec des armes à feu les bêtes fauves qui portent dommage à leurs propriétés, peuvent faire opérer cette destruction par leurs gardes.

§ 7. — *Révocation.*

Les gardes particuliers peuvent être révoqués par les propriétaires qui les ont nommés ; mais, à moins d'une condamnation à une peine afflictive ou infamante, ils ne peuvent être révoqués sans le concours de ces propriétaires. Toutefois, une décision ministérielle du 3 novembre 1837 a décidé qu'ils peuvent être révoqués par le sous-préfet, soit d'office, soit sur la plainte du procureur impérial, des maires ou du commissaire de police cantonal, dans le cas où ils se conduiraient de manière à compromettre l'ordre public.

§ 8. — *Droits, devoirs et attributions. — Prérogatives.*

Les gardes institués pour les domaines ruraux ou forestiers appartenant aux particuliers ont les mêmes droits que les gardes champêtres des communes et sont officiers de police judiciaire (Cass., 6 décembre 1827, 5 août 1841 et 2 juillet 1846). Comme eux, ils peuvent verbaliser, mais seulement dans l'étendue des propriétés pour lesquelles ils sont spécialement assermentés ; ils peuvent également suivre les choses enlevées dans les lieux où elles ont été transportées et les mettre en séquestre. Ils peuvent conduire devant le juge de paix ou devant le maire tout individu surpris en flagrant délit ou dénoncé par la clameur publique (C. inst. crim., art. 6).

Les attaques et rébellions dont ils seraient l'objet seraient réprimées comme celles commises contre les gardes champêtres. Ils peuvent, comme les gardes champêtres, être requis par les sous-officiers et brigadiers de gendarmerie et par les commissaires de police ; ils doivent aussi informer immédiatement ces derniers de tout ce qui intéresse la tranquillité publique, leur donner tous les renseignements et leur fournir toutes les indications de nature à conduire à la découverte des crimes et délits qui se commettraient dans l'étendue des biens confiés à leur surveillance.

Quant au respect dû aux gardes champêtres des particuliers et aux crimes et délits qu'ils peuvent commettre, on peut consulter ce que nous avons dit à ce sujet à l'article des gardes champêtres des communes.

Comme fonctionnaires publics, les violences exercées contre eux dans l'exercice de leurs fonctions sont punies des mêmes peines que si elles étaient exercées contre les gardes champêtres communaux.

Les gardes particuliers ne sont point agents de l'autorité publique et ne peuvent être considérés comme *force armée* dans le sens de l'article 1er de la loi du 19 pluviôse an XIII (Cass., 5 mai 1806, 12 mars 1807, 25 août 1808, 28 avril 1809).

§ 9. — *Poursuites.*

Les gardes particuliers doivent, comme les gardes forestiers et les gardes champêtres, être traduits devant les cours impériales et jugés par elles, sans appel, pour les délits correctionnels qu'ils sont prévenus d'avoir commis dans l'exercice de leurs fonctions (Cass., 15 février 1821).

§ 10. — *Procès-verbaux.*

Les procès-verbaux des gardes particuliers sont soumis aux mêmes règles que ceux des gardes champêtres ; ils sont écrits sur papier timbré de 50 centimes et enregistrés au comptant, au droit fixe de 2 francs, outre le décime et provisoirement outre le double décime.

Ils font foi en justice jusqu'à preuve contraire. Le procès-verbal d'un garde particulier illettré peut être écrit, comme ceux des gardes champêtres des communes, par le juge de paix, le maire, le commissaire de police et le greffier du juge de paix.

La loi n'établit aucune différence en ce qui concerne l'affirmation, le mode et le délai de transmission des procès-verbaux des gardes des particuliers et de ceux des gardes champêtres communaux.

Lorsque le garde a été nommé par plusieurs particuliers, les procès-verbaux ne doivent pas être rédigés à la requête des propriétaires qui l'ont nommé collectivement, mais à la requête seulement de celui sur la propriété duquel le délit qu'il s'agit de poursuivre a été commis.

Modèle de préambule des procès-verbaux des gardes particuliers.

L'an mil huit cent , le , nous, garde champêtre particulier, demeurant à , soussigné, dûment assermenté, faisant notre tournée ordinaire dans les propriétés de M. confiées à notre surveillance, avons, etc.

CHAPITRE XVII

GARDES MESSIERS

On appelle gardes messiers des gardes auxiliaires nommés temporairement ou provisoirement pour aider le garde cha pêtre communal, ou, en son absence, pour le remplacer à titre provisoire ; ils prêtent serment entre les mains du juge de paix du canton. Comme les gardes champêtres, ils verbalisent contre tous ceux qui dévastent ou volent les récoltes et les fruits ; lorsque l'identité d'un délinquant ne leur paraît pas suffisamment justifiée, ils le conduisent devant le commissaire de police ou le maire de la commune.

Leurs fonctions, entièrement semblables à celles du garde champêtre, ne concernent cependant que les propriétés rurales.

CHAPITRE XVIII

PROCÈS-VERBAUX DES GARDES CHAMPÊTRES

Rédaction. — Une des obligations les plus essentielles imposées aux gardes champêtres, c'est de constater les contraventions et délits, pour qu'ils puissent être reconnus et punis par les tribunaux.

La constatation a lieu par des procès-verbaux. Il faut bien remarquer qu'un garde ne peut rechercher et constater les délits que sur le territoire pour lequel il est assermenté.

La loi exige, pour la régularité d'un procès-verbal, l'accomplissement des quatre formalités suivantes :

1° Qu'il soit signé par le garde verbalisant ;

2° Qu'il soit affirmé dans les vingt-quatre heures de la rédaction ;

3° Que, dans le cas où le garde n'aurait pas écrit lui-même le procès-verbal, l'officier qui reçoit l'affirmation constate qu'il en a donné lecture au garde ;

4° Que le procès-verbal soit enregistré dans les quatre jours de sa date, à moins qu'il ne se rapporte à une contravention de roulage.

Les lois en vigueur n'ont point tracé de formules pour la rédaction des procès-verbaux des gardes champêtres, mais elles ont établi des principes auxquels il est essentiel de se conformer pour que foi soit ajoutée au contenu de ces actes.

Tout procès-verbal doit contenir, dans l'ordre suivant :

1° L'indication en toutes lettres des jour, mois, année et heure où il a été dressé ;

2° Le nom et les prénoms du garde, la qualité de garde champêtre de la commune de... ;

3° La mention que le garde est assermenté ;

4° La mention qu'il était revêtu, au moment de la constatation du délit, du signe distinctif de ses fonctions ;

5° La désignation exacte du lieu où le délit a été commis ;

6° L'indication exacte de toutes les circonstances ;

7° L'indication, aussi exacte que possible, des noms, prénoms, âge, profession et domicile des délinquants, ou leur signalement, s'ils sont inconnus ;

8° L'indication des noms, professions et demeure des témoins du délit ;

9° Les interpellations faites aux délinquants, leur réponse ou leur refus de répondre ;

10° L'heure précise de la clôture du procès-verbal, afin de pouvoir compter exactement le délai de l'affirmation ;

11° La signature du procès-verbal.

Lorsqu'on constate un délit de chasse, il importe de faire connaître avec exactitude le costume ou l'équipage de l'individu trouvé en chasse, la manière dont il tenait son arme ; de dire s'il en a fait usage ; s'il paraissait porteur de gibier ou de munitions ; s'il était ou non accompagné de chiens ; s'il se servait d'un furet, d'une bourse à lapin, ou d'un filet ou engin prohibé ; s'il a pris la fuite à l'aspect du garde.

En cas de chasse sur le terrain d'autrui, il faut indiquer si ce terrain est ou non clos de murs, palissades, haies ou fossés ; si le terrain qui est clos est attenant ou non immédiatement à une habitation ; si cette clôture est continue et forme obstacle à toute communication avec les héritages voisins ; si les clôtures offrent des interruptions ; et enfin si le fait de chasse a eu lieu pendant le jour ou pendant la nuit.

Si le chasseur paraît très-jeune, il faut s'assurer de son âge et savoir s'il est célibataire et demeure avec ses parents ou son tuteur, les pères, mères et tuteurs étant civilement responsables des délits de chasse de leurs enfants mineurs, non mariés, pupilles, demeurant avec eux ; il en est de même pour les maîtres et commettants à l'égard de leurs domestiques et préposés.

Il faut, autant que possible, mentionner dans le procès-verbal l'espèce et la nature de l'arme portée par le chasseur surpris.

Si un chasseur, surpris, jette ou cache son arme pour fuir, le garde qui constate le fait doit s'emparer du fusil et le faire déposer au greffe du tribunal.

Les procès-verbaux doivent être communiqués au procureur impérial de l'arrondissement, dans le délai de trois jours, y compris celui dans lequel a été constaté le fait qui y a donné lieu.

Ecriture. — Il n'est pas indispensable que le garde champêtre rédige lui-même son procès-verbal ; lorsqu'il se trouve hors d'état de le faire, cet acte peut être rédigé, sur son rapport, soit par le juge de paix ou par son suppléant, soit par le commissaire de police, soit par le maire ou, en son absence, par l'adjoint, soit enfin par le greffier de la justice de paix.

Surcharges, *grattages*, *blancs*, *interlignes*, *ratures*, *renvois.* — Aucun mot ne doit être *surchargé*, encore moins *gratté* ; il ne doit être laissé aucun blanc dans le procès-verbal, et on n'y doit rien écrire non plus *hors ligne* ou en interlignes (C. inst. crim., art. 7, 8).

Les surcharges, s'il en a été fait, doivent être approuvées, comme seraient des ratures ou renvois (Cass., 15 mars 1834).

Il faut approuver les ratures à la fin ou en marge de l'acte, de cette manière : *approuvé la rature de... mots nuls*. Cette mention est ensuite signée ou au moins parafée par toutes les personnes qui signent le procès-verbal (Cass., 23 juillet 1824).

Les renvois sont placés en marge et vis-à-vis de l'endroit du procès-verbal où il a été fait une omission ; ils doivent être signés ou au moins parafés comme l'approbation des mots rayés ou nuls (C. inst. crim., art. 78 ; Cass., 17 déc. 1847).

Abréviations. — Les abréviations, prohibées, sous peine d'amende, dans les actes de notaires et dans ceux de l'état civil, ne sont pas mentionnées dans le Code d'instruction criminelle. Il est toutefois prudent de s'en abstenir dans les procès-verbaux.

Date. — Les procès-verbaux doivent être datés du jour de leur rédaction, et mentionner, avec le plus d'exactitude possible, l'heure à laquelle a été commis le délit constaté.

Affirmation des procès-verbaux.

Les procès-verbaux des gardes champêtres sont soumis, à peine de nullité, à la formalité de l'affirmation.

L'affirmation doit avoir lieu dans les vingt-quatre heures, heure pour heure, de la clôture du procès-verbal, de manière que si on le termine à cinq heures du soir, par exemple, il faut qu'il soit affirmé le lendemain, au plus tard, à la même heure ; en conséquence, l'affirmation doit indiquer l'heure à laquelle elle a eu lieu.

Sont exceptés des dispositions qui précèdent :

1° Les procès-verbaux en matière de chasse, qui sont affirmés dans les vingt-quatre heures du délit et non dans les vingt-quatre heures de la clôture, devant le juge de paix ou ses suppléants, ou devant le maire ou l'adjoint, soit de la commune de la résidence des gardes champêtres, soit de celle où le délit a été commis (L. 3 mai 1844, art. 24) ;

2° Les procès-verbaux en matière de contravention à la police des chemins de fer, qui sont affirmés dans les trois jours de leur date devant le juge de paix ou le maire, soit du lieu du délit de la contravention, soit de la résidence du garde champêtre (L. 15 juillet 1845, art. 24).

3° Les contraventions en matière de contravention à la police du roulage, qui sont également affirmés dans les trois jours de leur date devant le juge de paix du canton ou devant le maire de la commune, soit du domicile du garde champêtre, soit du lieu où la contravention a été constatée (L. 30 mai 1851, art. 18) ;

4° Les procès-verbaux en matière de grande voirie, qui peuvent être affirmés devant le maire ou l'adjoint du lieu (Décr. 11 déc. 1811, art. 12).

L'affirmation doit être reçue :

1° Par le juge de paix du canton ;

2° Elle peut l'être aussi par l'un de ses suppléants, s' l réside dans la commune où le délit a été commis, et si le juge de paix n'y réside pas ;

3° Quand le juge de paix est absent ou empêché, les suppléants peuvent recevoir l'affirmation des procès-verbaux dressés dans toutes les communes du canton ;

4° Les maires et, en cas d'empêchement, les adjoints peuvent recevoir cette affirmation, par rapport aux délits commis dans les communes de leur résidence respective ;

5° Ils le peuvent même par rapport aux délits commis dans les lieux où résident le juge de paix ou les suppléants, quand ces magistrats sont absents ;

6° Ils le peuvent aussi quant aux délits commis dans d'autres communes, et qui auraient été découverts et constatés dans celle de leur résidence.

Ils faut nécessairement que l'acte d'affirmation soit écrit à la suite du procès-verbal et qu'il fasse mention ;

1° Du serment sous lequel le procès-verbal a été affirmé ;

2° Des lieu, jour et heure de l'affirmation ;

3° De l'empêchement du juge de paix si les autres officiers chargés de la recevoir opèrent dans la commune de sa résidence ;

4° De la lecture faite au garde de l'acte d'affirmation par le fonctionnaire qui le reçoit ;

Il faut aussi que l'affirmation d'un procès-verbal soit signée du garde champêtre et du fonctionnaire qui la reçoit.

Modèle d'affirmation d'un procès-verbal.

L'an mil huit cent , le du mois de à heure du , par-devant nous (*prénoms, nom du juge de paix du canton de , ou de son suppléant, ou du maire, ou de l'adjoint*) de la commune de , a comparu le sieur , garde champêtre de ladite commune, lequel, après avoir entendu la lecture que nous lui avons faite du procès-verbal qui précède, l'a affirmé sous serment sincère et véritable, et a signé le présent acte avec nous.

Timbre et enregistrement.

Les procès-verbaux des gardes champêtres sont écrits sur papier libre, mais ils doivent être visés pour timbre et enregistrés en *débet*, sauf au trésor public à suivre le recouvrement des droits contre les condamnés (L. 25 mars 1817, art. 74).

Remise des procès-verbaux.

Les procès-verbaux des gardes champêtres sont, lorsqu'il s'agit de simples contraventions, remis par eux, dans les trois jours au plus tard, y compris celui de la reconnaissance de la contravention qui y a donné lieu, au commissaire de police cantonal de la commune chef-lieu de la justice de paix, ou au maire, dans les communes où il n'y a point de commissaire de police ; et lorsqu'il s'agit d'un délit de nature à mériter une peine correctionnelle, la remise en est faite au procureur impérial.

Le délai pour l'enregistrement est de quatre jours, non compris celui de la date du procès-verbal, à l'exception des procès-verbaux pour contravention à la police du roulage, lesquels doivent être enregistrés dans les trois jours de leur date ou de leur affirmation (L. 31 mai 1851, art. 19).

Quant aux procès-verbaux en matière de grande voirie et de roulage, ils doivent être adressés, dans les deux jours de l'enregistrement, au sous-préfet de l'arrondissement, quelle que soit la nature de la contravention

Les gardes peuvent remettre leurs procès-verbaux aux maires, de leur commune qui les transmettent par la poste, soit au commissaire de police cantonal, soit au procureur impérial.

Registre ou répertoire des procès-verbaux.

Chaque garde champêtre doit avoir un registre ou répertoire coté et parafé par le maire ou son adjoint, pour y insérer sommairement et jour par jour les procès-verbaux qu'il a dressés. Le maire ou son adjoint y mentionne la date de l'affirmation de chaque procès-verbal et celle de la remise qui lui en a été faite par le garde.

Ce registre est divisé ordinairement en sept colonnes, contenant, disposées dans l'ordre suivant : 1° n° d'ordre ; 2° date des procès-verbaux ; 3° nature des procès-verbaux ; 4° noms, prénoms et domicile des délinquants ; 5° date de l'affirmation ; 6° date de l'enregistrement ; 7° date de la remise et qualité du fonctionnaire.

CHAPITRE XIX

FORMULES DES PROCÈS-VERBAUX

Il serait impossible de prévoir dans des modèles tous les délits et contraventions que les gardes champêtres ont le droit de constater; nous nous sommes donc borné à donner des formules se rapportant aux cas qui se présentent le plus fréquemment. Il sera facile de les appliquer à d'autres cas, puisqu'il ne s'agira, pour s'en servir utilement, que de remplacer les faits par ceux qui se seront passés et qui caractériseront la contravention.

Du reste, pour prévenir toute omission essentielle, il suffira que les gardes consultent le chapitre dans lequel sont indiquées toutes les énonciations qui doivent, à peine de nullité, se trouver dans les procès-verbaux.

Formule d'intitulé et de clôture pour tous les procès-verbaux.

INTITULÉ. — L'an mil huit cent   , le (*date en toutes lettres*), à   heure du (*matin ou soir*), nous (*nom et prénoms*), garde champêtre de la commune de   , dûment assermenté et portant le signe distinctif de nos fonctions, faisant notre tournée ordinaire, etc.

CLÔTURE. — En foi de quoi nous avons dressé le présent procès-verbal, qui a été clos le   , à   heure du   et avons signé.

AFFICHAGE.

Procès-verbal constatant une contravention au décret du 25 août 1852 sur l'affichage.

L'an mil huit cent , le , faisant notre tournée ordinaire, nous avons aperçu le sieur , qui traçait, à l'aide d'un pinceau, une affiche sur le mur de façade de la maison de M. . Ledit sieur , n'ayant pu justifier des payements du droit et de l'autorisation d'affichage, nous lui avons fait observer qu'il était en contravention au décret du 25 août 1852, et lui avons déclaré procès-verbal.

Procès-verbal constatant une apposition d'affiches sur les réquisitions du maire.

L'an mil huit cent , le , nous avons, sur la réquisition de M. le maire, affiché en cette commune, au lieu destiné à l'apposition des placards de l'autorité, un avis indiquant les lieu, jour et heure de la réunion des électeurs de la commune de (*ou tout autre acte d'administration*).

ANIMAUX.

Procès-verbal pour mauvais traitements envers les animaux domestiques.

L'an mil huit cent , le , faisant notre tournée ordinaire, nous avons aperçu sur le chemin vicinal de , au lieu dit , un individu qui frappait à coups redoublés son cheval avec le manche de son fouet sur la tête et sur les autres parties du corps. Nous nous sommes approché de cet individu, que nous avons reconnu être le sieur . et nous avons constaté que le cheval portait de larges traces des coups qu'il venait de recevoir. Nous avons fait observer audit sieur , qu'il était en contravention à la loi du 2 juillet 1850, qui défend d'exercer abusivement de mauvais traitements envers les animaux domestiques, et lui avons déclaré procès-verbal.

Procès-verbal pour abandon d'animaux.

L'an mil huit cent , le , faisant notre tournée ordinaire, nous avons aperçu, dans un champ de blé longeant la route départementale n° et appartenant au sieur , un cheval qui nous a paru abandonné ou égaré. Ayant atteint et saisi cet animal, nous l'avons mis en fourrière, sur l'ordre de M. le maire, chez le sieur ; ensuite nous avons pris des informations qui nous ont fait connaître que ce cheval appartenait au sieur ; nous nous sommes transporté chez lui, l'avons engagé à aller réclamer son cheval, et attendu la contravention qu'il a commise en l'abandonnant, nous lui avons déclaré procès-verbal. L'animal aurait exercé les dommages suivants à la propriété du sieur (*indiquer la nature et la valeur du dommage*).

ARBRES.

Procès-verbal pour avoir mutilé, abattu, coupé, ébranché, écorcé des arbres plantés sur la voie publique, ou appartenant à autrui.

L'an mil huit cent , le , nous , faisant notre tournée ordinaire et nous trouvant à , à heure du , sur le chemin vicinal allant de à , près de , avons aperçu un individu occupé à ébrancher des arbres qui bordent ce chemin, et qui sont plantés sur une lisière de terrain faisant partie des terrains communaux. Nous étant approché, nous avons reconnu que deux autres arbres venaient d'être ébranchés par le même individu et que le bois en provenant était mis en fagots et prêt à être enlevé. L'individu pris en flagrant délit nous étant inconnu et refusant de nous déclarer ses noms, profession et demeure, nous l'avons constitué en état d'arrestation, et conduit immédiatement par-devant M. le maire de la commune, où il a été reconnu être le nommé , demeurant à

ARRESTATION.

Procès-verbal d'arrestation et exécution d'un mandat d'arrêt, ou d'une ordonnance de prise de corps ou d'un jugement.

L'an mil huit cent, , le , en vertu de l'ordre délivré le , par M. , nous nous sommes transporté au domicile du sieur , et nous lui avons notifié l'ordre d'arrestation dont nous étions porteur et dont copie lui a été par nous délivrée, lui déclarant que, dès ce moment, il était constitué en état d'arrestation et qu'il eût à nous suivre à la maison d'arrêt de . Ledit sieur nous a répondu qu'il était prêt à nous obéir et nous l'avons conduit en ladite maison d'arrêt, où il a été écroué dans les formes voulues par la loi. Le concierge de la maison d'arrêt nous a donné une reconnaissance de la remise que nous lui avons faite de la personne dudit sieur , et nous avons annexé cette pièce au présent procès-verbal.

1° *Si le prévenu a fait résistance :* au lieu de ces mots : le sieur a répondu qu'il était prêt à nous obéir ; il faut mettre : ledit sieur , ayant refusé d'obéir au mandat qui lui est notifié, nous lui avons représenté que son refus est une infraction aux lois, et qu'il nous obligeait à user des moyens de force que la loi autorise en pareil cas. Ledit sieur , ayant persisté dans son refus d'obéir, nous l'avons saisi et appréhendé au corps avec l'aide de , et nous l'avons conduit, etc.

Procès-verbal d'arrestation d'un individu surpris en flagrant délit.

L'an mil huit cent , le , faisant notre tournée ordinaire, et passant par , nous avons aperçu un individu poursuivi par plusieurs autres qui criaient : Au secours! au voleur! Nous sommes parvenu à le saisir et, à l'arrêter au nom de la loi (*s'il oppose de la résistance, le procès-verbal en fait mention*). Nous avons aussitôt interrogé le prévenu, qui nous a dit se nommer , et nous a déclaré (*inscrire les déclarations*). Nous avons trouvé sur lui les objets suivants, que nous avons saisis (*indiquer tout ce qui a été trouvé sur lui en effets, papiers et armes*). Requis de signer le présent, il a obtempéré à notre réquisition, (*ou il a dit ne vouloir ou ne pouvoir*). Les sieurs , présents à cette arrestation, ont déclaré, savoir : le sieur , le sieur , et ont signé.

Et attendu le flagrant délit, nous avons conduit le sieur devant M. le juge de paix (ou devant M. le maire) de.

BACS ET BATEAUX.

Procès-verbal pour excès de chargement.

L'an mil huit cent , le nous trouvant à , au lieu où est établi sur la rivière de , le bac tenu par le sieur , nous avons reconnu qu'il y avait dans ce bac (*tant de personnes, ou de voitures ou de chevaux*), et que cette charge extraordinaire compromettait la sûreté des passagers. Attendu que le sieur a contrevenu à l'article du cahier des charges de son bail, qui lui enjoint de ne pas admettre plus de personnes ou de voitures sur son bac, nous lui avons dressé procès-verbal.

BOIS DES PARTICULIERS.

Procès-verbal pour délit commis dans les bois d'un particulier,

L'an mil huit cent , le , nous , sur la réquisition qui nous a été faite par le sieur . propriétaire de la forêt appelée , située à , commune de , de nous rendre dans ladite forêt, à l'effet de surprendre plusieurs individus qui s'y étaient introduit dès avant le lever du soleil pour abattre et enlever du bois (*ou arracher de jeunes arbres*), nous nous y sommes immédiatement transporté, revêtu des marques distinctives de nos fonctions. Arrivé à de la forêt, nous avons vu en effet plusieurs individus qui (*dire ce qui constitue le délit, de quels outils les délinquants se servaient, etc.*) A notre approche les individus ont pris la fuite, en laissant sur les lieux le bois qu'ils avaient abattu, et (*tels articles ou tels vêtements*) nous avons néanmoins reconnu très-distinctement les nommés . Ayant réuni les diverses pièces de convictions laissées sur les lieux, nous les avons déposées à la mairie de

---

CARRIÈRES ET TOURBIÈRES.

Procès-verbal pour contravention aux règlements sur la police des carrières.

L'an mil huit cent , etc., faisant notre tournée ordinaire et étant arrivé à la carrière de pierres ouverte par le sieur sur la propriété du sieur , avons remarqué une excavation qui était près d'atteindre le chemin vicinal de à . Nous nous sommes transporté aussitôt chez ledit sieur et lui avons fait observer qu'il était en contravention à la loi, qui défend de pousser les excavations si près des chemins publics, et nous lui avons déclaré procès-verbal.

CHASSE.

Procès-verbal pour chasse sur terrain d'autrui.

L'an mil huit cent , etc., ayant aperçu un individu armé d'un fusil qui chassait sur une pièce de terre appartenant au sieur , de la commune de , nous l'avons invité à nous exhiber son permis de chasse ainsi que l'autorisation du propriétaire sur le terrain duquel nous le trouvions. Il nous a bien représenté son permis de chasse, qui nous l'a fait connaître pour le sieur ; mais n'ayant pu nous justifier du consentement du sieur , nous avons dressé contre lui procès-verbal.

Procès-verbal pour délit de chasse avec instruments et engins prohibés.

L'an mil huit cent , etc., étant en tournée de surveillance dans la commune de , nous avons surpris un individu vêtu (*indiquer le genre et la couleur du vêtement*), qui était occupé à tendre des filets (*gluaux, trappes ou autre engin prohibé*); nous étant approché de cet individu, que nous avons reconnu être le sieur , et après lui avoir fait remarquer qu'il était en contravention à la loi, nous avons saisi le filet dont il se servait pour le déposer au greffe du tribunal, et nous avons dressé le présent procès-verbal.

NOTA. — Si le chasseur surpris avait été, dans les douze mois précédents, condamné pour un fait de chasse, il faudrait en faire mention dans le procès-verbal.

Procès-verbal de chasse sans permis.

L'an mil huit cent , etc., nous trouvant au lieu dit , sur le territoire de la commune de , nous avons rencontré un individu qui chassait avec (*indiquer l'arme ou l'instrument de chasse*), et ayant avec lui un chien; nous l'avons requis de nous exhiber son permis de chasse, ce qu'il n'a pu faire; sur notre demande, il a déclaré se nommer (*nom, prénoms et profession*), être âgé de et habiter ; nous lui avons, en conséquence, déclaré qu'il était en contravention à la loi et que nous en dresserions procès-verbal.

Procès-verbal de chasse en temps prohibé.

L'an mil huit cent , etc., nous avons aperçu un individu armé d'un fusil et suivant un chien courant, qui était en pleine chasse; nous l'avons reconnu pour être le sieur , et nous lui avons déclaré que la chasse étant fermée à partir du par l'arrêté de M. le préfet en date du , il était en contravention, et que nous lui en dresserions procès-verbal.

CHEMINS DE FER.

Procès-verbal pour contravention à la loi du 15 juillet 1845 sur la police des chemins de fer.

L'an mil huit cent , etc., étant en tournée ordinaire, nous avons aperçu le sieur qui faisait paître une vache sur le talus du chemin de fer de , au lieu dit , et comme ce fait constitue une contravention à l'article 2 de la loi du 15 juillet 1845, nous lui avons déclaré procès-verbal.

CHEMINS VICINAUX.

Procès-verbal constatant une anticipation sur un chemin vicinal.

L'an mil huit cent , nous, etc. , avons reconnu que le sieur , demeurant à , avait commis une anticipation de mètres centimètres de largeur et de mètres centimètres de longueur sur le talus (*ou le sol*) dudit chemin, au moyen de (*désigner ici le délit*).

Ayant demandé des explications sur ce fait audit sieur , il nous a répondu ce qui suit : (*transcrire la réponse*).

L'entreprise constatée ci-dessus nous ayant paru contraire au règlement général sur les chemins vicinaux, nous avons déclaré procès-verbal audit sieur

---

Procès-verbal constatant un délit de voirie en matière de chemins vicinaux.

L'an mil huit cent , nous, etc. , nous étant transporté sur le chemin de grande (*ou petite communication*) n° de à , avons reconnu que le sieur , demeurant à avait (*désigner le délit*).

Attendu que ce fait est un délit de voirie prévu par la loi, nous avons dressé le présent procès-verbal pour être déféré au tribunal de simple police du canton, et nous avons fait injonction audit sieur d'avoir à remettre immédiatement les lieux dans leur premier état, sous peine de le voir faire à ses frais.

ÉCHENILLAGE.

Procès-verbal pour défaut d'échenillage.

L'an mil huit cent , etc., faisant la visite des fonds de ladite commune pour nous assurer si l'échenillage avait été fait dans le temps prescrit par l'arrêté de M. le maire en date du , avons remarqué un jardin dont les arbres étaient couverts de bourses et toiles remplies de chenilles; ledit jardin donnait sur la rue

Nous nous sommes de suite présenté au domicile dudit sieur où, parlant à sa personne, nous lui avons fait sommation, par le présent, de faire écheniller les arbres de son jardin dans le délai de trois jours, et d'en faire brûler sur-le-champ les toiles et bourses dans un endroit isolé, et nous lui avons déclaré procès-verbal.

GRANDE VOIRIE.

Procès-verbal de délit de grande voirie.

Le mil huit cent , à heure du nous, étant à (*désigner clairement et exactement la commune et l'endroit, la route, le chemin de halage, la digue, le quai, la rue, le pont à bascule, etc.*) avons (*préciser, avec une scrupuleuse vérité, toutes les particularités propres à faire parfaitement connaître le délit*), après avoir reconnu par { information, / la plaque de la voiture, etc., } que ce délit est du fait de (*désigner les nom et qualités*), demeurant à , lequel étant { présent, / absent, } a (*insérer les moyens de défense*), n'a pu être entendu. A quoi nous avons fait observer (*discuter les moyens de défense du délinquant, afin de ne rien laisser à désirer sur leur validité*).

En conséquence, avons dressé le présent procès-verbal, à l'effet de faire prononcer par { M. le maire / M. le sous-préfet / le conseil de préfecture / le tribunal de } contre ledit , conformément aux lois et règlements.

Vu et affirmé par serment devant moi { maire / adjoint / juge de paix } du lieu, les mêmes jour, mois et an que dessus.

NOTA. — L'affirmation est de rigueur dans les vingt-quatre heures; l'enregistrement en débet est de rigueur dans les trois jours; le papier doit être visé pour valoir timbre.

Lorsque, par la nature du délit, le fonctionnaire devant lequel l'affirmation aura lieu sera compétent pour prononcer, il ne sera pas laissé de copie du procès-verbal, puisque, dans ce cas, l'agent remet l'original. Dans tout autre cas, une copie doit être laissée pour être notifiée au délinquant.

MARAUDAGE

Procès-verbal pour maraudage.

L'an mil huit cent, etc. , nous, etc. , faisant notre tournée ordinaire, avons aperçu un individu qui, étant entré dans la vigne appartenant au sieur , située à , (*indiquer si elle est close de murs, de haies, etc.*), et cueillait des raisins (*indiquer si le délinquant a mangé le fruit sur le lieu même, ou s'il l'emportait et de quelle manière, si c'était dans les poches ou au moyen d'un panier, d'un sac, etc.*). Nous étant aussitôt avancé vers lui, et lui ayant demandé ses nom et prénoms, profession et demeure, il nous a répondu se nommer , être , et demeurer à ; lui ayant démontré qu'il était en contravention aux lois, il nous a répondu (*consigner sa réponse*). Nous avons en conséquence dressé procès-verbal contre lui.

NOTIFICATION.

Procès-verbal constatant la notification d'un arrêté de police.

L'an mil huit cent, etc., nous nous sommes transporté au domicile du sieur , là, et parlant à lui-même, lui avons notifié un arrêté de M. le maire en date du , qui lui enjoint de démolir, pour cause de vétusté, une écurie située à .

PÊCHE.

Procès-verbal pour pêche en temps prohibé.

L'an mil huit cent, etc. nous avons aperçu le sieur (*nom, prénoms, profession, demeure*), qui pêchait dans la rivière de , au lieu dit , avec , nous lui avons déclaré qu'il était en contravention aux règlements qui interdisent la pêche dans cette saison (*ou* à une heure où la pêche est interdite par les règlements); nous avons en conséquence dressé, conformément à l'article 27 de la loi du 15 août 1829, le présent procès-verbal.

Procès-verbal pour vente de poissons n'ayant pas les dimensions voulues.

L'an mil huit cent , etc. nous avons rencontré à , le sieur , qui vendait du poisson n'ayant pas les dimensions déterminées par les ordonnances.

Et attendu que ledit sieur , est en contravention à la loi, nous lui avons dressé procès-verbal.

Procès-verbal pour délit de pêche dans une partie de rivière dont la pêche est louée.

L'an mil huit cent , etc., sur la réquisition du sieur , fermier de la pêche du cantonnement de , sur la rivière de , nous sommes transporté au lieu dit , sur la rive droite (ou gauche) de ladite rivière, et nous avons vu le sieur , qui pêchait avec un (*indiquer l'engin, à l'exception de la ligne flottante*). Nous lui avons demandé s'il avait la permission du fermier, et comme il n'a pu en justifier, nous lui avons déclaré qu'il était en contravention à la loi, et, conformément à l'article 5 de la loi du 15 avril 1829, nous avons saisi le filet et le poisson pour le déposer au greffe.

PERQUISITION.

Procès-verbal de perquisition.

L'an mil huit cent , etc. Nous, faisant notre tournée ordinaire, avons vu un individu qui fouillait le champ du sieur , situé à , au quartier de , et qui y prenait des pommes de terre (*ou toutes autres productions qu'on désignera*). Nous voyant approcher, il a chargé sur son dos ces productions, qu'il avait enfermées dans un sac, et s'en est allé en marchant avec rapidité. Nous ne l'avons point perdu de vue, jusqu'au moment où il est entré dans sa demeure située à , et nous avons reconnu alors que c'était bien le sieur .

Nous nous sommes transporté aussitôt chez M. le maire, dont nous avons requis l'assistance pour la perquisition que nous avions à faire chez ledit sieur ; entré chez ce dernier, accompagné de M. le maire, nous l'avons sommé de faire l'ouverture de ses chambres, caves, greniers, et autres lieux lui appartenant, afin que nous puissions y faire la perquisition des pommes de terre qu'il avait dérobées dans la propriété du sieur , lui déclarant que, faute par lui d'obtempérer à notre réquisition, il serait fait les ouvertures requises par un serrurier que nous ferions venir. Ledit sieur , ayant obéi, nous a ouvert la chambre (*ou toute autre pièce*), et nous y avons trouvé les pommes de terre encore toutes fraîches et couvertes de la terre d'où elles sortaient. Nous nous en sommes emparés, les avons saisies et mises sous la main de la justice.

RAPPORT.

Avis donné au commissaire de police, au sujet d'un café ouvert sans autorisation.

Monsieur le commissaire de police,

J'ai l'honneur de vous informer que le sieur , vient d'ouvrir un café dans la maison qu'il occupe à , sans avoir obtenu préalablement l'autorisation de M. le préfet, et que le public commence à s'y réunir. Je dénonce cette contravention à M. le maire en même temps que je la porte à votre connaissance.

Je suis, monsieur le commissaire de police, votre respectueux serviteur.

RÉBELLION.

Procès-verbal constatant un fait de rébellion contre un garde champêtre dans l'exercice de ses fonctions.

L'an mil huit cent , nous , déclarons qu'au moment où nous ramenions des bestiaux que nous avions trouvés à l'abandon dans les champs du sieur , au quartier de , pour les mettre en fourrière, et arrivé au lieu dit , nous avons été assailli par (*rapporter toutes les circonstances de la rébellion.*)

RÉCOLTES.

Procès-verbal pour passage sur un terrain ensemencé ou couvert de récoltes.

L'an mil huit cent , nous faisant notre tournée ordinaire, avons aperçu au lieu dit , le sieur , qui traversait (*ou* qui faisait traverser par ses bestiaux) un champ ensemencé de , et appartenant au sieur ; nous avons estimé à la somme de le dégat causé, et nous avons déclaré audit sieur qu'il était en contravention à la loi et nous avons dressé procès-verbal contre lui.

ROULAGE.

Procès-verbal de contravention à l'article 14 du décret du 10 août 1852, dressé contre un individu trouvé endormi sur sa voiture ou charrette.

L'an mil huit cent , etc. certifions qu'étant en tournée dans ladite commune de , et nous trouvant sur la route impériale n° , (*ou* départementale *ou* vicinale de grande communication, n°) au lieu appelé , nous avons trouvé une charrette (*ou* une voiture) à quatre roues attelée d'un cheval (*ou* de plusieurs, *ou* traînée par deux bœufs ou vaches) et sur laquelle le conducteur était couché et endormi (*ou ne tenait plus les guides, etc.*); l'ayant réveillé, nous l'avons invité à mettre pied à terre, pour pouvoir guider ses chevaux (*ou* ses bœufs) et à nous déclarer ses nom, prénoms, profession et domicile. Il a immédiatement obtempéré à notre invitation et nous a déclaré se nommer (*indiquer ici les nom et prénoms, profession et domicile du contrevenant, avec l'indication du canton et de l'arrondissement*); et attendu que ledit , est en contravention à l'article 4 du décret sur la police du roulage, du 10 avril 1852, nous lui avons déclaré procès-verbal.

Procès-verbal pour défaut de plaque.

L'an mil huit cent , etc. faisant notre tournée ordinaire de surveillance et nous trouvant sur la route vicinale de grande communication n° , au lieu dit , nous avons rencontré une voiture à deux roues, chargé de sacs de blé, se rendant au marché de . (*ou à un autre endroit*) et qui n'avait pas de plaque, *ou* dont la plaque n'était pas en métal, *ou* dont les indications exigées par la loi n'étaient pas en caractères apparents ou lisibles, *ou* dont les indications étaient insuffisantes), et ayant demandé au conducteur ses nom et prénoms, âge, profession et domicile, et pourquoi cette voiture n'avait pas de plaque (*ou n'était pas en règle*), et quel en était le propriétaire, il nous a répondu (*constater la réponse*). En conséquence, nous lui avons déclaré qu'il était en contravention, et que nous lui dressions procès-verbal.

Si le propriétaire de la voiture est inconnu, substituer à la fin la phrase suivante : Nous avons déclaré au conducteur qu'il se trouvait en contravention à la loi précitée, et que, ne connaissant pas le propriétaire au service duquel il était, nous le sommions, aux termes de ladite loi, de nous suivre avec sa voiture devant M. le maire pour consigner entre ses mains l'amende encourue, ou, à défaut de consignation, pour qu'il soit statué ce que de droit.

FIN.

TABLE ANALYTIQUE

DES MATIÈRES

NOTIONS PRÉLIMINAIRES.

DE LA POLICE.

DES CONTRAVENTIONS, DES DÉLITS ET DES CRIMES.

CHAPITRE PREMIER

ORGANISATION DES GARDES CHAMPÊTRES.

CHAPITRE II.

ATTRIBUTIONS.

CHAPITRE III.

CONTRAVENTIONS ET DÉLITS RURAUX QUI DOIVENT ÊTRE RECHERCHÉS ET CONSTATÉS PAR LES GARDES CHAMPÊTRES.

Conservation des récoltes.

CHAPITRE VII.

CHAPITRE VIII.

CHAPITRE IX.

CHAPITRE X.

CHAPITRE XI.

CHAPITRE XII.

CHAPITRE XIII.

CHAPITRE XIV.

Pages.

CHAPITRE XV.

CHAPITRE XVI.

DES GARDES CHAMPÊTRES PARTICULIERS.

CHAPITRE XVII.

CHAPITRE XVIII.

PROCÈS-VERBAUX DES GARDES CHAMPÊTRES.

CHAPITRE XIX.

FORMULES DE PROCÈS-VERBAUX.

Pages.

FIN DE LA TABLE.

CLICHY. — Impr. de Maurice LOIGNON et Cie, 12, rue du Bac-d'Asnières

Manuel de Législation et d'Administration de l'Instruction primaire, par M. J.-J. Rapet, Inspecteur général de l'enseignement primaire........................ 2 50

Manuel de Correspondance administrative, commerciale et familière, avec Modèles de pétitions, mémoires, actes sous seing privé, etc., par M. A. Bescherelle. 2 25

Ajouter à ces prix 50 *centimes par volume pour les recevoir cartonnés.*

Voir page 8 pour le prix de la collection complète.

Parmi les personnes qui, chaque jour, sont appelées à prendre part à l'administration du pays et particulièrement à celle des communes, beaucoup n'ont pu se préparer par des études spéciales à l'accomplissement de cette mission. Dans cette tâche difficile, le zèle, sans les connaissances pratiques, ne saurait suffire. Le but de la Bibliothèque municipale a été de guider les magistrats et fonctionnaires municipaux dans l'exercice de leurs fonctions, en mettant sous leurs yeux les lois civiles, criminelles et administratives qui se rapportent le plus habituellement à toutes leurs nécessités, à leurs travaux, à leurs droits et à leur autorité, ainsi qu'à leurs devoirs et obligations.

Publiée avec le concours d'écrivains versés dans la science administrative, cette collection comprend, sur chaque matière distincte dont elle traite, toute la législation en vigueur, commentée, expliquée par les arrêts de la jurisprudence.

Ainsi, tous les arrêts de la cour de cassation, de la cour des comptes et du conseil d'Etat en matière contentieuse, les décisions des comités en matière non contentieuse, enfin les instructions émanées des différents ministères sur les questions et les difficultés journalières ont été analysés avec l'attention la plus scrupuleuse. Les auteurs, préoccupés avant tout des intérêts positifs qu'embrasse l'administration, n'ont jamais perdu de vue dans l'exposition raisonnée de la doctrine les rapides besoins de la pratique.

En jetant un rapide coup d'œil sur l'ensemble de la Bibliothèque municipale, il sera facile de se convaincre que les dix volumes dont elle se compose sont destinés à rendre aux fonctionnaires de l'administration communale d'inappréciables services, en leur permettant, sans étude préalable, de résoudre les nombreuses affaires municipales dont la gestion leur est confiée.

§ 1er. Traité de l'Organisation communale et des Élections municipales.

Toutes les questions historiques, administratives et judiciaires se rattachant à l'organisation communale et aux élections municipales, sont traitées dans cet ouvrage d'une manière concise et complète. Les dispositions législatives sur les droits et les devoirs des maires, des adjoints, des conseillers municipaux qui sont disséminées dans un grand nombre de lois, sont résumées et expliquées dans ce livre, où les électeurs communaux trouveront aussi la solution de toutes les difficultés qui se sont présentées jusqu'à ce jour en matière d'élections municipales.

Ainsi que l'a dit le *Moniteur :* « Un bon commentaire sur cette ma-
« tière ne peut être fait que par une personne habituée au maniement
« des affaires administratives, et qui joigne l'expérience à la théorie,
« et cette condition se trouve parfaitement remplie par l'ouvrage qu'a
« publié M. de Sainte-Hermine. Cet ouvrage est, dans toutes ses par-
« ties, ce qu'il importait qu'il fût pour atteindre son but, concis, clair
« et complet. »

§ 2. Traité des Actes de l'état civil.

On appréciera toute l'importance de ce travail en parcourant le sommaire des principaux chapitres dont il traite.

I. *Des officiers de l'état civil.*
II. *Des registres de l'état civil et des extraits qui en sont délivrés.*
III. *Des actes de naissance, de reconnaissance, de légitimation et d'adoption.*

IV. *Des actes de mariage.*
V. *Des actes de décès.*
VI. *De la rectification des actes.*
VII. *Du remplacement des actes de l'état civil.*
VIII. *Formulaire complet des actes de l'état civil (74 modèles).*
IX. *Texte des articles du Code Napoléon relatifs à l'état civil.*

L'auteur est allé au-devant de toutes les difficultés qu'on peut rencontrer dans la pratique. Il a exactement reproduit les dispositions de la loi, en les accompagnant des décisions administratives et judiciaires qui en ont déterminé la véritable interprétation. En outre, par un classement méthodique des matières, par la simplicité de l'exposé, et même par la disposition typographique du texte, il s'est appliqué à rendre l'ouvrage clair et intelligible sous tous les points, en même temps que facile à consulter.

§ 3. Traité de l'Administration financière des communes.

La comptabilité communale, considérée comme présentant l'ensemble des services financiers de la commune, ne comprend pas seulement la gestion matérielle des deniers dont le receveur municipal est exclusivement chargé et sur laquelle le maire n'exerce qu'un droit de surveillance; elle embrasse en même temps toutes les opérations concernant l'assiette des droits de la commune sur chaque branche de ses revenus, l'ouverture des crédits, la liquidation et l'ordonnancement des dépenses. Elle rentre dès lors en partie dans les attributions de l'autorité administrative, et le maire, investi de cette autorité, doit, à titre de gérant des revenus et d'ordonnateur des dépenses, tenir écriture et rendre compte de ses actes. Les obligations de l'administrateur, sous ce rapport, ne sont pas moins importantes que celles du receveur, et sont soumises, comme celles-ci, à des règles fixes et rigoureuses qui se trouvent énoncées dans ce volume avec la plus scrupuleuse exactitude. Il donne en outre les principaux modèles de la comptabilité financière des communes.

§ 4. Manuel de Police judiciaire et municipale.

Nous croyons devoir indiquer ici les principaux chapitres de ce Manuel, auquel son auteur a imprimé l'autorité de sa grande et longue expérience des affaires criminelles.

§ 1. De la police judiciaire et de la police administrativo. — Compétence des Officiers de police auxiliaires et surtout des Maires et Adjoints. — Des crimes et délits qui se présentent le plus fréquemment. — Avis à donner au Procureur impérial des crimes et délits. — § 2. Du flagrant délit. — Observations particulières à certains délits. — Des visites domiciliaires, perquisitions et saisies. — De l'arrestation des prévenus. — Du droit de requérir la force publique. — De la mise en fourrière. — Des levées de cadavres, des sinistres et des fléaux calamiteux. — Rédaction des procès-verbaux. — Réception des dénonciations et plaintes. — § 3. Fonctions des Maires comme délégués du Procureur impérial. — § 4. De quelques rapports des Maires : — avec les Gardes champêtres, Gardes forestiers et Gardes-pêche; — La gendarmerie; — Les Agents maritimes et ceux de la police militaire; — Les Agents de surveillance de la navigation, des chemins de fer et de la voirie; — Les Employés des contributions indirectes; — Les Préposés des Douanes; — Les Vérificateurs des poids et mesures. — § 5. De la police municipale. — Contraventions prévues par la loi (34 *principales) avec un commentaire.* — § 6. Arrêtés et Règlements de police des Maires. — *Compétence et fonctions des Maires comme juges de police*, etc.

Des formules des actes usuels tant de la police judiciaire que de la police municipale complètent ce volume.

§ 5. Recrutement. — Tirage au sort et Révision.

Le Bulletin officiel du ministère de l'intérieur rendant compte de ce volume s'est exprimé en ces termes :

« Cet ouvrage, essentiellement pratique, peut être très-utile à tous les fonctionnaires qui concourent aux opérations du recrutement de l'armée et particulièrement aux maires. Il se divise en trois parties : la première présente, en analyse et dans l'ordre même des opérations, les dispositions législatives et réglementaires qui se rapportent à la répartition du contingent, au recensement, à la formation, à la publication et à l'examen des tableaux, au tirage au sort, à la publication des listes de tirage, aux conseils de révision. La seconde est un répertoire alphabétique où les matières sont traitées avec tous les développements nécessaires, et les questions diverses qui peuvent surgir sont résolues à l'aide de la jurisprudence du conseil d'Etat, des instructions ministérielles et des décisions de l'autorité judiciaire. L'exposé des règles les plus récentes concernant le remplacement, l'exonération, les ordres de route, le mariage des militaires et la réserve, complètent ce travail, qui se termine par une série de modèles des différents actes, tableaux, certificats, déclarations, etc., auxquels donne lieu l'exécution de la loi. » (Nos 4 et 5 de 1860.)

§ 6. Dictionnaire de la Voirie des villes, bourgs et villages.

De toutes les matières de droit administratif dont la connaissance importe aux fonctionnaires municipaux, la plus difficile peut-être et la plus obscure, pour quiconque n'en a pas fait une étude spéciale, est celle qui, sous la dénomination de *voirie*, s'applique à la construction et la police de conservation et à la salubrité des rues et des chemins dans les villes et communes. Les intérêts de l'administration et ceux des propriétaires, perpétuellement en contact et souvent en opposition dans les questions si nombreuses et si diverses que soulève l'exécution des règlements sur cette matière ardue, rendaient d'autant plus désirable pour tous un guide fidèle et sûr, que nous sommes encore aujourd'hui sous l'empire d'une législation qui remonte à plusieurs siècles, et dont les principes sont quelquefois difficiles à concilier avec ceux de la législation moderne : de la nécessité d'éclairer avec soin des lumières de la jurisprudence la marche de l'autorité, et d'indiquer avec précision aux administrateurs, comme aux administrés, la limite de leurs droits et l'étendue de leurs devoirs respectifs.

Tel est le but de ce livre, fruit d'une expérience mûrie par l'étude et par une longue pratique du droit administratif.

§ 7. Des Sections de commune, de leurs Ressources, etc.

Parmi les villages et hameaux qui sont groupés ensemble pour former des communes, il en est un grand nombre qui ont une existence distincte, à certains égards, de celle des communes dont ils font partie.

Cette existence distincte, que le législateur a dû et a voulu maintenir, ne laisse pas que d'être la source de fréquentes difficultés. Les conseils municipaux tendent souvent à sacrifier les droits ou les intérêts de ces sections de commune, et de leur côté, les sections sont portées à s'exagérer l'étendue de leurs droits exclusifs.

Une étude spéciale a paru utile pour préciser les conditions de la vie propre des sections de commune, qui est plus souvent réglée, dans les détails, par la jurisprudence de l'administration que par les dispositions expresses des lois. C'est ce but que l'auteur a essayé d'atteindre. — Le mérite de ce travail, qui précise les règles d'une manière peu connue, laquelle les mesures qui viennent d'être prises pour la mise en valeur des biens communaux donnent un nouvel intérêt, a été signalé dans de nombreux comptes rendus.

§ 8. Traité de l'Organisalion et de la Comptabilité des Fabriques.

Ce traité de l'Organisation et de la Comptabilité des Fabriques n'est pas seulement le manuel indispensable du trésorier, c'est aussi le guide du bureau et du Conseil dans leurs délibérations. Mais c'est surtout le livre du curé et des maires, auxquels il appartient toujours de surveiller l'administration des biens de l'église et de donner à cette administration des directions utiles et régulières.

9. Manuel de Législation et d'Administration de l'instruction primaire.

Ce livre, par la nature et le nombre des documents qu'il renferme, peut être très-utile non-seulement aux instituteurs, délégués cantonaux, maires et secrétaires de mairie, mais encore à toutes les personnes qui s'occupent d'une manière quelconque de l'instruction primaire. C'est ainsi qu'on y trouve tout ce qui a rapport à l'inspection et aux diverses autorités préposées à la surveillance de l'enseignement, aux écoles des divers degrés, publiques ou libres : — écoles de garçons, écoles de filles et salles d'asile; — aux instituteurs et institutrices publics ou libres, communaux, suppléants et adjoints; — aux écoles normales, aux examens des instituteurs, institutrices et directrices des salles d'asile; — à la direction et à la tenue des écoles; — à la construction des locaux scolaires, au mobilier des classes, au logement des instituteurs, etc. Enfin, une *table alphabétique* détaillée permet à chacun de trouver à l'instant dans l'ouvrage les différentes dispositions législatives ou réglementaires qu'on a besoin de connaître à un moment donné.

§ 10. Manuel de Correspondance administrative, Commerciale et familière.

La correspondance administrative exigeait des règles précises, attendu que l'inobservation de certaines formalités, la production d'une pièce irrégulière, l'omission d'un document exigé, pouvaient s'opposer au succès de la demande la mieux fondée ou en retarder la solution. L'auteur s'est surtout attaché, pour chaque cas spécial, à faire connaître à quelle administration il faut s'adresser, la forme de la demande, les pièces justificatives à produire à l'appui; à distinguer celles qui doivent être écrites sur timbre de celles qui en sont dispensées; à donner les formules en usage pour la suscription des lettres, selon l'importance du personnage auquel on s'adresse, et surtout des modèles de demande.

Les magistrats municipaux, les secrétaires de mairie, etc., trouveront dans ce travail des renseignements qu'ils auront à consulter chaque jour pour les diriger dans leurs rapports avec les ministères, les préfets, les sous-préfets et chefs des diverses administrations. Cette matière est entièrement neuve, et on en appréciera sans doute l'utilité.

Des notices étendues sur le service des postes en général, sur le transport des valeurs, des articles d'argent, des papiers de commerce et d'affaires, sur la correspondance télégraphique, un tarif des droits d'enregistrement d'après la législation la plus récente, terminent ce volume, que l'importance du sujet et le nom de M. Bescherelle recommandent également à l'attention du public.

Prix de la collection complète, brochée et renfermée dans un étui	30 fr.	*franco.*
Prix de la collection complète, cartonnée et renfermée dans un étui	33	

Chacun de ces volumes se vend séparément au prix indiqué dans le tableau page 1.

Avis. — MM. les Maires sont prévenus que, dans le cas où ils n'auraient en ce moment aucune somme disponible pour l'acquisition d'un ou de plusieurs de ces ouvrages, ils peuvent néanmoins en faire la demande, et n'en acquitter le montant qu'après le règlement du budget additionnel de 1861 ou de 1862.

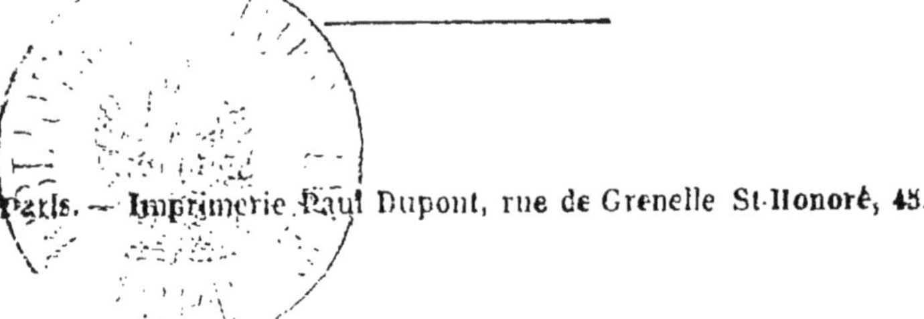

Paris. — Imprimerie Paul Dupont, rue de Grenelle St-Honoré, 45.

CLICHY — Impr. Maurice LOIGNON et Cie, rue du Bac d'Asnières, 12.

www.ingramcontent.com/pod-product-compliance
Ingram Content Group UK Ltd.
Pitfield, Milton Keynes, MK11 3LW, UK
UKHW020253250726
13967UKWH00004B/1647